「ハーフ」物語

──偏見と排除を越えて

高橋幸春

えにし書房

〔ハーフ〕物語　目次

プロローグ

終戦から十年が経った昭和三十年頃のかすかな記憶が、私にはまだ残っている。八王子駅と東神奈川駅を結ぶＪＲ横浜線。今は矢部という駅名に変わっているが、私が幼稚園に通っていた当時は相模という駅名だった。相模駅と相模原駅の北側はフェンスで囲われたアメリカ陸軍相模総合補給廠だ。

父は旧国鉄の電気技師で、横浜線沿いにあった戦火をまぬがれたような木造三階建ての国鉄官舎で、私たち一家は暮らしていた。線路を挟んで向こう側は相模総合補給廠だ。

私は母に手を引かれてしばしば相模総合補給廠へ入った。なぜ、中に入れたのか。アメリカ兵と母のいとこが結婚し、補給廠内の米軍ハウスで暮らしていたからだ。

アメリカ兵と母のいとことの間には、私と同じくらいの女の子がいて、遊んだ思い出がある。名前などは覚えていないが、おそらく私が生まれて初めて出会ったハーフだと思う。その頃はもちろんハーフなどという言葉はなく、「あいの子」と呼んでいた。

私が母のいとこの家族を覚えているのは、訪ねていくと、帰りには抱えきれないほどのおみやげを渡されたからだ。補給廠の内と外では大違いだった。持ち切れないほどのジュース、チーズ、バター、チョコレート、フルーツの缶詰などを、母と二人で分けて運んだ。

小学校に入学する頃、父が転勤になり、その古い官舎を離れた。その後、母のいとこがどうなったかは知らないが、家族でアメリカに渡ったという話を母から聞いた。

横浜線に乗り、相模総合補給廠の横を通過するたびに、今でも母のいとこがどうしているのかが気になる。

私が大学を卒業したのは一九七五年、今から四十七年も前だ。卒業と同時に、私は移民の一人としてブラジルに移住した。三年間、サンパウロで邦字紙パウリスタ新聞（後にニッケイ新聞となり現在はブラジル日報）の記者をした。日系三世の女性と結婚し、長男はサンパウロで生まれた。日本に帰国した後もブラジルの日系社会に関心を抱き、折に触れて記事を書いてきた。

時々だが、家族でサンパウロに里帰りをした。一家五人でブラジルに帰国するとなると、経費もかなりの額に達する。少しでも安いチケットを購入しようと様々な路線に搭乗した。どの路線もアメリカの一都市を経由することになり、ニューヨーク、マイアミ、ロサンゼルス、ダラスで乗り継ぎをして、サンパウロに向かった。

三人の子どもがまだ幼い頃、ロサンゼルスやマイアミで一泊して休息をとることもあった。そんなこともあり、私はアメリカで暮らす母親のいとこに会い、昔のお礼を言いたいと思った。母が住む家といとこの実家とは、それほど離れていない。母にいとこがアメリカのどこで暮らしているのか住所を調べるように頼んだ。

いとこの長兄が当時はまだ健在で、当然住所はわかっていたはずだが、結局母はいとこの住所を聞き出すことはできなかった。

「これ以上聞くと、親戚関係がおかしくなるから……」

母からそう連絡があった。

長兄がアメリカで暮らす妹の住所を教えたくない理由は想像がつく。

「パンパン」、アメリカ軍の将兵を相手にした街娼を指す蔑称だ。事実はどうであれ、母親のいとこもそう呼ばれていたことは想像に難くない。一家にもそうした言葉が投げつけられ、アメリカに渡った身内については、たとえ親戚であろうと触れられたくなかったのだろう。

結局、私は母のいとこと再会することもなく今日に至っている。

サンパウロで暮らしていた頃、多くの移民や日系人二世、三世を取材した。その中にはエリザベス・サンダース・ホームからブラジルに移住した者もいる。

エリザベス・サンダース・ホームは、終戦から二年目の一九四七年、沢田美喜によって設立された。終戦の翌年には肌や髪の色の違う混血児たちが次々に生まれていた。日本に進駐してきたアメリカ兵と日本人女性との間に生まれた混血児たちだった。

「混血児とは敗戦恥辱のシンボルだ」

こうした視線が母親とその子どもに向けられた。そして、その家族にも向けられたのだろう。アメリカに渡った母のいとこの住所が語られなかったのは、その時に受けた「恥辱」がどれほど深いものだったかを物語っている。

世間の鋭い視線に耐えられず、多くの母親が混血児をエリザベス・サンダース・ホームに預けている。遺棄され、保護された者も少なくない。

沢田美喜は三菱財閥の岩崎弥太郎の孫娘として生まれた。岩崎家は財閥解体で多くの資産を失っていた。しかし沢田美喜は、売却できるものはすべて売却して、神奈川県大磯町の家を買い戻し、そこに混血児のための施設を建設したのだ。

一九四八年二月に二人の子どもが入所した。それから一年三カ月間に入園者は百人を超えていた。終戦から五年目に朝鮮戦争が起きた。この時にも日米の混血児が生まれ、沢田はそうした混血児たちを育ててきた。エリザベス・サンダース・ホーム出身の孤児は二千人に及ぶとも言われている。

エリザベス・サンダース・ホームの入園者が学齢に達すると、大磯町では、混血児たちをどう扱うのかが取りざたされた。町立小学校の父兄たちは、学校内に別校舎を建設し、エリザベス・サンダース・ホームの児童たちをそこで学ばせるという提案をしてきた。差別的な提案に対し、沢田はエリザベス・サンダース・ホームの中に聖ステパノ学園を設立し、そこで子どもたちに教育を受けさせることを決意した。

その後、混血児の多くはアメリカやオーストラリアに養子として引き取られていった。

その一方で沢田美喜は、人種差別のないブラジルで、子どもたちに自分の将来を切り開いていかせるという夢を抱いていた。

ブラジルには戦前十九万人、戦後は七万人の移民が海を渡った。

一九六二年、ブラジル・パラー州のトメアスで、先遣隊が聖ステパノ農場の建設に着手した。トメアスは戦前の日本人移民が切り拓いてきた移住地だ。パラー州の州都でもあるアマゾン川河口の街ベレンから、当時はアマゾン川支流を一昼夜遡らなければならなかった。沢田美喜はそこに、混血児のための新天地を開こうとした。

一九六五年七月二日に横浜港を出港したさんとす丸に乗り込んだ第一陣、黒田俊隆、八代譲治、久保木広和、高橋龍二、中川純二、和田郁男。第二陣は、一九六六年八月三日に横浜港を出港したさくら丸に乗船した藤島富、赤沢譲治、高松ジョージである。さらに一九六九年三月に有本静子が、あるぜんちな丸に乗船した。

十人がブラジルに渡った背景には、当時の壮絶な差別があった。彼らは生きる場を求めて弾き飛ばされるようにして日本を離れていった。

それから半世紀以上の歳月が流れた。

一九九〇年、出入国管理法及び難民認定法（入管法）が改正、施行され、ブラジル、ペルー、パラグアイなどの中南米の日系人二世や三世が就労目的で来日し、日本で暮らすようになった。リーマン・ショックが起きた二〇〇八年には、その数三十六万人といわれる。

その当時、在日ブラジル人は約三十一万人、それ以降は職を失い帰国するものが相次ぎ、約十七万三千人（二〇一五年）にまで減った。しかし最近の労働力不足を反映して現在では約二十万七千人（二〇二二年）に増加している。

来日した日系人の容貌は、日本人と変わらない者もいる。しかし混血結婚により、いわゆるハーフの容貌をしている者も少なくない。肌の色も実に様々だ。ブラジルで最も多いのは白人、黒人、黄色人種、あらゆる人種が何代にもわたって混血した結果生まれる、モレーノ（男性）、モレーナ（女性）と呼ばれる茶褐色の肌で、日系人の中にも多い。

ブラジルの日系人はポルトガル語、ペルー、パラグアイの日系人はスペイン語を話す。日本人のような顔つきをしていても、日本語を理解する者は少ない。

デカセギの子どもたちが日本の学校に入学すると、必ずといっていいほど浴びせかけられる言葉があった。「ガイジン」そして「自分の国に帰れ」という言葉だ。

入管法の改正から三十年以上が経過した。日本に定着したデカセギ第一世代は高齢化の一途を辿り、子どもの頃、親に連れられて来日した者や日本で生まれ育ったデカセギ第二世代が台頭してきている。彼らにも同じような罵声が浴びせかけられる。

日系人に限らず、アジアからのニューカマー第二世代にも同様なことが起きていた。

日本人とニューカマーとの間に誕生した子どもたちにも、また同じように「自分の国に帰れ」という言葉が投げつけられている。

ハーフとは広辞苑によれば混血児であり、一般的には片方の親が日本人、もう片方の親が外国人の間に生まれた子どもということになるだろう。

本書で扱うのはそうしたハーフだけではない。

日本で生まれたデカセギ第二世代の子どもたちの多くは、ブラジル国籍やペルー国籍だ。しかし、彼らにとってブラジルやペルーは親の国であり、彼ら自身は日本で育ってきた。一度もブラジルやペルーの土を踏んでいない者も珍しくはない。彼らは日本の社会と在日日系人コミュニティーと重なり合う環境の中で生きている。私はそうしたデカセギ第二世代もハーフとして描くことにする。二つの文化の中で生活していると思うからだ。

肌の色や容貌、国籍にかかわらず、二つ以上の国にルーツを持ち、日本で暮らす人たちも、ここでは「ハーフ」と定義する。「ダブル」あるいは「ミックス」と表記した方が適切なのかもしれないが、一般的に用いられているハーフを使うことにする。

後述するが、日本で生まれたデカセギ第二世代がラップチームを結成した。その中の一人が言った言葉が忘れられない。

「日本のメディアはアメリカでの差別は大きく報道するのに、日本の差別はなぜ取り上げないのか」

終戦直後に生まれ、エリザベス・サンダース・ホームで育った人たちと、今日のデカセギ日系人やニューカマーの第二世代、あるいは国際結婚で誕生したハーフらに向けられた日本人の意識に変化はあるのだろうか。

それを確かめてみようと、私は思った。

沢田美喜（中央）との写真に収まる高橋（後列）

五十五年目のエリザベス・サンダース・ホーム移民

　エリザベス・サンダース・ホーム出身の高橋龍二は、一九六五年、十九歳の誕生日をブラジルに向かう移民船さんとす丸の船上で迎えた。父親は白人のアメリカ兵、母親は日本人。「子どもの頃はあいの子だのなんだのと、ひどいことを言われ、石を投げつけられた。自分を守るために威圧的になり、あの頃は険しい表情をしていたと思う」

　しかし、今の高橋にはそうした面影はまったくない。この日も赤のダウンコートを颯爽と羽織り、おしゃれなシニアといった風情だ。今は成田市内のマンションで静かに余生を送っている。

高橋は第一陣六人の一人としてさんとす丸に乗り込んだ。その後一九六六年、第二陣の三人がさくら丸で、さらに一九六九年、あるぜんちな丸で女性一人がブラジルを目指した。

「実は僕はトメアス移住地に入植していないんだ」

新天地に憧れを抱いて高橋はブラジルに渡ったわけではなかった。

沢田はエリザベス・サンダース・ホームの中に聖ステパノ学園を設立した。

高橋も他の混血児と一緒に聖ステパノ学園で学び、中学を卒業すると北海道に渡った。

「動物好きだったので、牧場で競走馬の飼育の仕事に就いた」

しかし、高橋はそこで年上の女性と恋に落ちてしまう。早熟だったともいえるが、家族に飢えていたのだろう。高橋はその女性とともに牧場を抜け出し、誰にも告げずに東京に舞い戻って来た。しばらくの間、運送屋で働いたが、居場所を沢田に突き止められてしまった。

沢田のコネで都内のホテルで働くようになった。

「ホテルの勤務状況はすべて沢田さんに連絡されていた」

一人で東中野のアパートで暮らしていた。夜勤、数時間の仮眠、そして日勤というローテーションが組まれた。

「アパートに帰る時間的な余裕はなかった」

厳しいローテーションから解放され、久しぶりにアパートに戻ると、すべての荷物が運び出されていた。

「今でもはっきり覚えている。卓袱台だけが残されていて、半分だけ食べたミカンがぽつんとその上に載っていた」

中学を卒業して二年、高橋には何が起きたのかまったく理解できなかった。その足でエリザベス・サンダース・ホームに向かった。憔悴し切った高橋を見て沢田が言った。

「どうしたんだい、元気がないみたいだけど……」

高橋は答える気力もなかった。

「ところでブラジルに行くメンバーに一人欠員ができたんだけど、おまえ行ってみる気はないかい」

恋人に去られ、意気消沈していた高橋は、沢田の提案に深く考えずに同意してしまった。

エリザベス・サンダース・ホームに入園した多くの子どもたちは親の所在がわからなかった。しかし、高橋には母親、そして異父兄、祖母、母方のおじ夫婦がいた。父親の記憶も微かだが残っていた。

「移住するのを知って、兄が一緒に暮らそう、ブラジルに行くなと言ってくれたけど……」

移住の準備は着々と進み、日本で暮らす気持ちもなかった。

高橋は五歳まで祖母に大切に育てられた。父親は当時米軍が駐留していた入間基地に所属する将校だった。母親はその基地内で働いていた。高橋は祖母、おじ夫婦と一緒に暮らしていた。

「僕がその家から出なければならない事情ができた」

戦死したと思われていた母親の夫が復員してくることがわかったのだ。母親と将校との間に生まれた高橋は邪魔な存在でしかなかった。

「後になって聞いたことだけど、僕をエリザベス・サンダース・ホームに預けるのに祖母は猛反対をして、おじ夫婦とは一切口をきかなくなってしまったようだ」

それ以降、高橋はエリザベス・サンダース・ホームの寮で暮らした。施設内に設けられた聖ステパノ学園で学んだ。

「沢田さんはスパルタ教育だった」

成長するにつれて、施設から一歩外に出ると、自分たちにどのような視線が向けられるのか、子どもながら悟ることになる。

外出する時は、きれいに着飾った姿で大磯駅まで歩いた。駅までわずか五分足らずだが、すぐに人だかりができた。

沢田が野次馬に向かって怒鳴る。

「何を見ているんだ。この子たちは見世物ではない」

入園者たちは野次馬の多さに下を向いてしまう。

「下ばかり見ているから、バカな連中が集まってくるんだ。堂々と前を見て歩きなさい。みんなが見てきたら見返してやればいい」

沢田は入園児童にも容赦なかった。

外の世界に興味を抱いた子どもたちは施設をこっそり抜け出した。

「ホームだけでは飽きてしまう」

目ざとく彼らを見つけた子どもたちがすぐに群がってくる。

子どもたち同士では手加減などいっさいない。痛烈な言葉が浴びせかけられる。

「キンパツ」「クロンボ」「親なしっ子」

殴り合いのケンカどころか、石の投げ合いが始まる。

中には頭から血を流してエリザベス・サンダース・ホームに戻ってくる子どももいた。外でケンカをしてきた子どもたちに沢田は厳しい口調で言った。

「背中に傷があれば許さない。背中に傷があったヤツは私が叩くよ」

沢田は差別する連中を恐れ、相手に背を向けて逃げた者を叱責した。

「強くならなければ生きていけないということを、沢田さんは子どもたちに教えたかったのだと思う」

奇異な視線を向けて来る連中に高橋は鋭い視線で睨み返し、それでも怯まない時には自分の方からケンカを吹っかけていった。

そんな高橋だったが、恋人に去られ、サンダース・ホームに戻ってきた時はヘリウムガスの抜けた風船のようにしょげかえっていた。沢田の提案に失意のままさんとす丸に乗船した。

横浜港からブラジルまでは四十五日間の船旅だ。ありあまる時間があった。

なぜ恋人は去っていったのか。遥か彼方の水平線を見つめながら思った。

「まだ子どもだった。でも落ち着いて考えてみると変だなというのはわかった」

ホテルのローテーションは、一日数時間の仮眠で、ほぼ二十四時間勤務だった。アパートには帰れなかった。恋人が姿を消し、エリザベス・サンダース・ホームに戻ると、ブラジル移住の話が告げられた。すでにパスポートまで用意されていた。

「全部、沢田ママが仕組んだことだったというのがわかった」

沢田もさんとす丸に乗船していた。高橋は沢田に直接確認した。

「あら今頃気づいたのかい」

沢田は平然と答えた。

その時の高橋にはまだ自立するだけの力はない、と沢田は判断したのだろう。高橋がホテルの従業員の宿泊施設で寝泊まりしている間に、沢田は恋人とその両親を別れるように説得していたのだ。事実を知ってもすべてが手遅れだった。

「僕はブラジルに着いても農場には入りません」

必死に怒りを押し殺し、高橋が言った。

「好きにしなさい」

沢田は高橋を引き留めはしなかった。

やがてさんとす丸はベレン港に入港した。アマゾンに入植する移民はこの港で下船し、入国手続きを行い、船を乗り換えてトメアス移住地に移動した。さんとす丸は次の寄港地サントスに向かって出港した。

「これからは自由よ」

沢田からこう言われ一千ドルを手渡された。しかし、ポルトガル語はまったく話せない。港の周辺にはホテルらしきものも見当たらない。真っ暗な埠頭でトランクの上に座り込み、途方に暮れていた。

「どうしたの、龍二君。他の皆はトメアスに行ってしまったよ」

女性に声をかけられた。

里帰りを果たし、さんとす丸でベレンに戻ってきた戦前移民だった。事情を説明すると、自宅に泊めてくれた。

「後でわかったことだけど、沢田さんが僕の世話を彼女に頼んでおいてくれた」

沢田は戦前移民の家に宿泊し、自分で仕事を探すことにした。しかし、言葉もわからなければ、気候も生活習慣もまったく異なるベレンで職探しは困難を極めた。

「ようやく見つかったのが、牧場の牛にワクチンの注射をする仕事だった」

北海道の牧場で働いた経験が役立った。乗馬にも慣れていた。注射するコツもわかっていた。報酬は一頭につき一ドルだった。

しかしブラジルの牧場は何もかもが違っていた。広大な土地に牛は放牧されていた。牧場に囲いがあるわけではなく、馬に乗り、牛を追いかけて、一日に注射できるのはせいぜい十頭から二十頭だった。接種した牛は耳の一部を切り取って目印にした。

生活する場所には電気もガスもない。食糧は川で釣った魚や捕獲した野生動物だった。

「話し相手がいないので、独り言をずっとしゃべっていた」

時々出会う人間といえばアマゾン川流域で暮らす先住民だった。先住民がマラリアの薬をほしがっていたので、ベレンからもってきたキニーネを分けてやると、先住民の家族から感謝された。それ以来、先住民の家族と親しく付き合った。

先住民以外に言葉を交わす人間といえば、高橋が食料用に捕獲した動物の毛皮やワニの皮を目当てにやってくる業者だった。剝いで日陰干しにした皮革と食料とを物々交換した。

「マンジョッカ（キャッサバ）の粉などは貴重だった」

高橋は原始的な自給自足の生活を、アマゾンのジャングルの中で二年ほど送った。牧場を出る決意をしたのは、高橋が多くの皮革を持っていることが知られ、それを奪いに強盗が入ったのだ。

日が落ちてしまえば周囲は漆黒の闇だ。聞こえてくるのは獣の咆哮だけだ。倉庫からモノをあさる音が聞こえてきた。高橋は銃を手に取り、音のする方に向けて引き金を引いた。相手も発砲してきた。銃撃戦が始まった。

「一瞬、発砲した時に銃口から火を噴くので、そこを狙って撃つしかない」

相手の撃った弾が高橋の腕をかすめた。それでも高橋は銃を撃ち続けた。しばらくして銃声が止んだ。

夜が明けると高橋は慎重に倉庫に歩み寄った。血痕が川に向かって点々と続いていた。

「このままここにいたのでは必ず報復にやってくる」

高橋はそれまでに注射した牛の耳を持ってベレンに戻った。報酬は八千ドルだった。その金を持って高橋はサンパウロに出ることにした。

牧場で暮らした二年間は、孤島に一人取り残されたような生活だった。

日本にいる間は、顔を足で踏みつけるような言葉を投げつけられた。その度に高橋は相手に挑みかかっていった。日なたにさらした揮発油に火を放ったような怒りの炎は自分ではもうどうすることもできなかった。

しかし、ほとんど人と接しない二年の歳月は、荒れてささくれだった高橋の心を穏やかなものにさせていた。

ベレンに高橋が戻った頃、すでに聖ステパノ農場の崩壊が始まっていた。エリザベス・サンダース・ホームでは移住に備えてアマゾン教室が開かれ、そこで熱帯の農業について学んだ。小岩井農場で農業実習も積んできた。しかし、どれ一つ取っても、アマゾンの過酷な自然に立ち向かうにはあまりにも無力過ぎた。

熱帯気候の中での重労働、少ない娯楽、彼らの心は次第にとげとげしくなっていった。不平に不満、仕事の能率低下、ささいなことでの衝突、聖ステパノ農場から一人また一人と抜けて、彼らはそれぞれ自分の生きる道を求めて、ブラジル各地へと散っていった。

「施設にいた頃から仲の良かった久保木がサンパウロにいることを知った」

久保木広和もさんとす丸に乗船した一人だった。

久保木は中学生の頃から鎌倉彫りを学び、彫刻家になるのが夢だった。久保木は日系人画家のところでアシスタントをしていたが、久保木の才能を見抜いた日系人画家は久保木をコロンビア出身の造形作家に預けた。

高橋も久保木が師事していた造形作家のところで仕事を手伝いながら、ポルトガル語を学び、ブラジルで生きていく決意を固めた。

言葉を学び、生活拠点をリオデジャネイロに移し、この間にもいくつも職を変えた。しかし、ブラジル人の友人が着実に増えていった。

ヴァリグ・ブラジル航空がキャビンアテンダントを募集しているのを知った。知り合いのジャーナリストが推薦文、紹介状を書いてくれた。現在はエアラインの統廃合が進み、ヴァリグ航空という社名はないが、当時のナショナルフラッグだ。

一九七一年、高橋はキャビンアテンダントとして働き始める。

「ブラジルに来て本当に良かったと思った。中卒の僕がＪＡＬに就職したようなもの。日本にいたらこんなことは起こり得ない」

ブラジルでは肌の色などまったく問題にならない。モレーノと呼ばれる茶褐色の肌をした人たちが圧倒的に多い。

「ブラジルに来てから、肌の色で嫌な思いをしたということは一度もない」

日本にいた頃の険しい表情をした高橋はいつの間にか姿を消して、温厚な一人の青年に成長していた。

高橋の人生はヴァリグ・ブラジル航空に就職したことで、大きく変わっていく。それまでは強風に煽られた紙風船のようで、自分自身にもどちらへ向かってゆくのかわからなかった。しかし、その後の高橋は着実に一歩ずつ自分の人生を歩み続けた。

航空会社の一年先輩に日系二世のマサコがいた。マサコと恋に落ちた高橋は結婚を決意した。

高橋は自分の生い立ちをマサコに率直に語って聞かせた。

「そんなことはブラジルにはよくあるのよ」

マサコはまったく意に介していなかった。

二人が結婚すると、日本では考えられないが、ヴァリグ・ブラジル航空は高橋とマサコをリオデジャネイロ・パリ間の同じフライトに乗務させた。さらにリスボン、カイロ、ニューヨーク路線を乗務させた。

やがて一九七九年に長男が、一九八四年に長女が生まれた。長男が生まれると、二人が同じフライトに乗務することはなくなった。

「どちらかが勤務している時は、もう一人が家で子どもの面倒を見られるように配慮してくれた」

家で二人の子どもの世話をしていると、もう忘れていたと思っていた両親の記憶が滲むようにしてよみがえってきた。

「子どもってこんなにかわいいのに、なぜ捨てることができたのだろう」

高橋はマサコと結婚し、かけがえのない家族を手に入れた。何の不満もないはずだ。しかし、今が幸せであればあるほど、大切なものをどこかに忘れてきたような思いが心に広がった。

高橋はロサンゼルス・東京間のフライトに勤務したいと機会あるごとに航空会社に希望を提出した。

「父親の名前はバース、それだけはわかっていた。朝鮮戦争が始まると、韓国に赴任する前に、エリザベス・サンダース・ホームにやってきて、沢田さんに私のことを頼むと言い残して日本を離れていった。朝鮮戦争で戦死したのかも、あるいはアメリカで健在なのか、知りたいと思うようになった」

母親の記憶も薄れてほとんどなかった。高橋がエリザベス・サンダース・ホームで暮らすようになってから、母親は一度だけ訪ねてきたことがあった。

「その時に私は母と会っている。でも沢田さんは、今回だけは会わせますが、あなたはこの子を捨てたんです、今後はここに来ないで下さいと厳しい対応をしたようだ」

父親が健在であれば、新たな家庭を築いていることも考えられる。母親も復員してきた夫と平和な家庭を営んでいるかもしれない。

「それぞれの家庭に僕が名乗りを上げて分け入っていくなんていう気持ちはまったくなく、どうしているのか確かめたい、何があったのかそれを知りたいと思った」

高橋の希望が通り、ロサンゼルス・東京間の乗務が認められた。ロサンゼルスに滞在する時間を利用して父親を懸命に探した。

「軍関係にいろいろ手をつくして探してみたけど、父親を見つけることはできなかった」

皮肉なことに、自分の両親を探し始めた頃から、マサコとすれ違いの時間が多くなり、二人の関係に亀裂が生じ、もはや修復は不可能だった。

一九八六年、高橋は東京でグランドスタッフとして働くようになった。

母親の消息がどうしても知りたかったのだ。

「いろいろあったにしても、母が生んでくれたから僕がいる。生きているなら親孝行がしてみたいと思った」

エリザベス・サンダース・ホームに残っていた記録を頼りに、母親を探し出した。

「母と一緒に暮らしてもいいかなと……。それが僕にできる親孝行ではないかと思ったんだ」

ようやく居場所をつきとめたが、母親からは意外な言葉が返ってきた。

「一度捨てた子どもの世話になるつもりなんかないわ」

その後、復員してきた夫との間に三人の娘が生まれていた。高橋にとっては異父妹になる。

「母はその三人の妹に僕の存在を隠していた」

米軍将校との関係、その間に生まれた高橋の存在を母親は隠し通したかったのだろう。

「母は戦後の五年間を空白にしたかったようだ」

それを知ってから高橋は一切の関係を断ち、母親とも異父兄とも会おうとはしなかった。

「ブラジルの格言で、壁にひびが入った家はどんなに直しても元には戻らないというのがあるんだ。その通りだと思う」

ヴァリグ・ブラジル航空を定年退職した後も、高橋はブラジルに戻らず日本で暮らしている。マサコとも結局離婚する羽目になった。高橋は失われた過去の家族を取り戻そうとして、かけがえのない本当の家族を失ってしまった。

現在、高橋は入籍せずに、パートナーと、そして猫七匹と一緒に暮らしている。

日本で暮らすエリザベス・サンダース・ホーム出身者も少なくない。生涯独身で通す者もいる。

「そうした連中が集まり、エリザベス・サンダース・ホームの近くに土地を買って、そこに身寄りのない仲間が亡くなった後、散骨できるようにしたらいいのでは、という話も持ち上がっている」

しかし、高橋にはまだやり残している大きな仕事が一つある。

長男は来日し、日本の会社で働いている。母親と一緒にリオデジャネイロで暮らす長女とは毎日のようにラインでやりとりをしている。

離婚した時、長女はまだ幼かった。父親が必要な時、そばにいてやれなかった。

「パパイ（お父さん）を捨てたお母さんと同じことを、パパイは私にしたのよ」

長女の放った言葉は心に深く突き刺さったままだ。

「できることなら娘との関係を修復したい。いや修復しなければならないんだ」

母親から突き放された時、高橋とを結んでいたかすかな糸がぷっつりと切れたような寂しさ、虚しさを覚えた。そんな思いを長女には絶対にさせたくない。

パートナーもいるので、すぐにブラジルに戻るわけにもいかない。しかし、高橋は最期の時はブラジルで迎えるような気がしている。

エリザベス・サンダース・ホームで暮らしていた頃のように、今はハーフに差別的な言葉が投げつけられるということもない。それどころかテレビには毎日のようにハーフのタレントが映し出される。

「差別なんかなくなったようには見えるけど、その一方でブラジルから来たデカセギ日系人や、アジアの人間に対する対応を見ていると、日本人が変わったとはとても思えない。ブラジルでは混血児だということで不快な思いをしたことは一度もないんだ。僕が僕らしく生きられる地はブラジルのような気がする」

高橋は最後の言葉をこう結んだ。

ブラジルに移住した十人のうち、今もトメアス移住地に暮らしているのは、中川純二ひとりだけだ。それ以外の者はサンパウロやリオデジャネイロに出て、それぞれの人生を歩んだ。中川は日本人女性と一九七三年に結婚し、三人の子どもがいる。

「日本には絶対に帰りたくない」

以前、取材した時にはそう語っていた。

しかし、中川は一度だけ日本にデカセギに戻ったことがある。エリザベス・サンダース・ホームからブラジルに移り住んだ多くの者は実母を知らない。母への思いを断ち切れなかったのだろう。デカセギというよりも、母親との再会を果たすための来日だった。

中川の身長一メートル八十センチほどあるが、体格は痩せ細っている。その中川が沢田が持て余すほどの腕白だったとはとても想像できなかった。

「ぶん殴られる、蹴っ飛ばされるで、沢田先生というのは怖い人だという思いしか、僕にはないよ。どこにあんな力があるのとかと思えるほどの力でぶん投げられたこともあった」

サンダース・ホームは外界と閉ざされた「閉鎖社会」でもあった。というよりも彼らの存在を当時の日本は拒絶していた。しかし、子どもたちの好奇心は絶えず外界に向けられた。

「高い木に登ると、遠くまで見えるんだよ。あの道の向こうにはどんな街があるのだろうか。あの山の向こうには何があるんだろうかって、そんなことを想像するのが好きだった」

やがて彼の好奇心は木登りだけでは満足せずに、沢田の目を盗んで街に出ることになる。

「大磯駅によく行った。電車に乗って、遠くへ行ってみたいと思ったもんです。でも、電車に乗りたくても、お金を一銭も持っていないのだからどうしようもない」

諦めてホームに戻ろうとすると、すれ違ったほとんどの人たちが後ろ指を差した。

「前から来る人が、自分のことをジロジロ見ているというのはすぐにわかる。すれ違って後ろを振り向くと、ほとんどが僕の方を指差して何かを言っていた。外に出るのは楽しかったけど、あれだけはいやだった」

中川の父親は白人のアメリカ兵だ。

こうした体験は中川だけではなく、エリザベス・サンダース・ホームに預けられたすべての子どもたちが経験している。中川の日本に対する拒絶感は強い。そして、両親についても考えたことはなかったという。

中川は中学生の頃まで純一を名乗っていた。

ある日、沢田美喜に呼ばれた。

「純一ではなく、名前を純二にしなさい」

遺棄された新生児は、戸籍法五七条に則り市町村長によって、名前が付けられ、戸籍が作成される。

「どこかに兄がいるんだろうなとは思った」

しかし、日本に留まり家族を探し出そうとは思わなかった。なぜ、エリザベス・サンダース・ホームに預けられたのか、中学生ともなればおよその見当はつく。

「ブラジルに来る一年前、沢田ママから『お母さんに会ってみるか』と言われてビックリした」

しかし、中川はそれには応じていない。

「俺、会わない」

彼にとっての母親は沢田美喜以外には考えられなかった。

沢田からブラジルに移住しないかと提案された。

「ブラジルには差別はないというし、後ろ指を差されるのはたくさんだったから、素直に応じた。ホームを抜け出して遠くに行きたい、外国に行ってみたいという希望はずっと持っていた」

中川ら第一陣がトメアスに到着した頃、聖ステパノ農場は、先遣隊によって山焼きが行われた直後だった。入植して最初の仕事は密林を焼いた後、焼け残った木の根を掘り起こすことだった。体力を消耗し、その上にマラリアが襲いかかる。

四十度近い気温にもかかわらず、高熱のために体が震えた。三、四日すると熱は治まるが、再び高熱に襲われる。ベッドに横たわり天井を見ていた。

「それでも日本に帰りたいとは思わなかった。オフクロがいればこんな時は親身になって看病してくれるんだろうなとは思ったけど……」

他の仲間が次々にトメアスを離れていったが、中川だけはトメアスに残った。移住から八年目、トメアス農協で働いていた日本人女性と結婚した。

二人で懸命に働き、自分の土地を購入して、ピメンタ（胡椒）やカカオを栽培した。せっかく栽培したピメンタが病虫害にやられ、八千本が全滅したこともあった。

妻は中川についてこう語る。

「どんなに苦しい時でも、日本に帰りたいと言ったことはありません。むしろ日本には絶対に行かないと言っています。昔のことは聞かないし、彼も話したがらない。ただ、両親に会ってみたいと言ったことはありますが」

トメアスのピメンタ畑で黙々と働く中川に、聞いたことがある。

「もし実の両親に会えたらなんと言いますか」

「どうして自分がサンダース・ホームに入らなければならなかったのかは知りたい。それを恨みに思っているから聞きたいということではない。そんなことは何とも思っていない。自分が何者なのかを知りたいだけなんだ」

結婚し、三人の父親となり、心境の変化があったのだろう。ふと実母に会いたくなり、デカセギ半分で訪日した。

中川の訪日はデカセギというよりも、長年自分の心の中に沈殿した思いを解決するためではなかったのか。

訪日した時の様子をニッケイ新聞（二〇〇九年九月二十二日付）はこう伝えている。

朝十一頃、神奈川県の小田原駅にある新幹線改札口で待ち合わせた。目印として「痩せて背の高い、手にジャンパー持っている」と伝えた。

「中川さんですか」と向こうから声をかけられた。「お母さんですか？」と尋ねた。「私は顔をみてもピンと来なかった。誰に会っているんだろうみたいな感じ。でも向こうはすぐにわかったみたいです」

「父の写真はないか」と聞くと、「再婚したから全部焼き捨てた」と言われガッカリした。

そして、おそるおそる尋ねた――「ホームに預けたことを後悔しているか」と。いつか聞いてみたかった。

「……後悔している。死ぬまで後悔していく」そう答えた母をみて、自分の気持ちは伝わったと感じ、自然に「あんたは悪くない。戦争が悪かったんだ」と口をついてでた。だが、それが慰めになったかどうかはわからない。

結局、夕方五時ぐらいまで駅前商店街のレストランで話し込んだ。その後、もう一度だけ会いたいと思って、母の妹に付き添ってもらって自宅を訪ねた。だが、「向こうの家族が玄関に出てきて冷たくされた。それっきり会ってない」。後から漏れ聞くところでは、母はその時に家の中にいたらしい。

そのことを思い返すたびに、「二回裏切られた気がする」と感じるが、母には新しい家族があり、事情があるのだと頭では理解している。それでも、心のどこかに、ぬぐいきれない淋しさがあることも間違いない。

中川にとってやはり日本は安住の地ではなかったのだろう。

純粋な外国人、純粋な日本人

父親のルーツはアイルランド系ドイツ人で、いつ頃アメリカに移住したのか不明だが、戦後、駐留アメリカ兵として来日。ハルマンの母親と出会い、結婚。

「私の祖父が熊本で運送会社と貿易商を営んでいて、貿易関係のパーティーで知り合ったそうです」

ハルマン自身は一九五〇年長崎県で生まれ、熊本県で育った。ハルマンは雅号でハルミが本名だ。

津田ハルマン

今ではハーフのモデル、タレントは珍しくないが、ハルマンはその先駆者と言ってもいいだろう。タレントとしてテレビにも出演した時期もある。ル・サロン（フランス芸術家協会）永久会員で画家としても知られる。現在は埼玉県本庄市のアトリエで現代アートを制作する。その一方で、プロを目指す画家の指導にもあたっている。

「私が生まれた年に朝鮮戦争が始まり、父親は朝鮮半島に赴任したようですが、私に会いたくて自分の所属する部隊を離れたとかで、その後、父がどうなったのはまったくわかっていません」

　エリザベス・サンダース・ホームがあったのは、東京からそれほど遠くない神奈川県大磯町。そこで育った子どもたちには差別的な言葉が投げつけられた。ハルマンの容貌は、ハーフというよりも欧米人そのものといった印象を受ける。熊本県という地方都市になれば、割れたガラスのような差別的な言葉がハルマンに向けられたことは想像に難くない。

「子どもの頃は、肌は今より白かったし、髪も黒髪ではなく赤かった」

　喘息に苦しんでいた。病院に行く時は必ず前もってバス代を母親から手渡された。

「普通の親子なら、席が空いていれば隣同士に座る。一つだけしか席がなければ、親の膝の上に抱っこされるでしょう。私にはそうした経験はまったくありません。母は私とは離れた場所に座り、他人といった顔でいました」

　病院の待合室でも同じだった。

「あいの子」と囁く声が聞こえてきた。

　まだ戦後の余韻がいたるところに漂っていた。その頃、母親は洋裁の仕事をしながら生計を立てていた。喘息の発作が出ると、母親から「やかましか」と怒鳴られた。

　発作を鎮めたり、喘息の苦しさを紛らわせるのに、広告の裏に絵を描いて過ごしていた。頻繁に起こる発作のために、外に遊びに出ることも少なかった。母親のそばには洋裁に使う竹の物差しがいつも置いてあった。発作が起きていない時でも、母親からその物差しで叩かれた。

「なぜ叩かれたのか、いまだに理解できない」

母親は思いついたようにハルマンに暴力をふるった。

父親と母親の間で音信が途切れても、母親と父親の家族との間では手紙のやり取りがしばらく続いていた。

「私をアメリカに養子に出すという話もあったようです。周囲の視線にアメリカに行きたいというか、日本から出たいという思いを子どもながら抱いていました」

それに反対したのは二人のオバだった。母親には姉と妹がいた。

家にはハルマンの居場所がなかった。苦しさに耐えきれずに、伯母に自分の置かれている状況を打ち明けた。伯母は足に障害があり、杖をつかなければ歩けなかった。家でやはり洋裁の仕事をしていた。決して豊かな生活ではない。しかし、ハルマンの話を聞いて言った。

「うちの子になるかい。母ちゃんと呼んでもいいよ」

その言葉にハルマンは伯母と暮らし始めた。二人のオバはハルマンに優しくしてくれた。小学校に通うようになると、容貌のことでいじめをさかんに受けるようになった。

白い肌と赤い髪をさして「アメ公」と子どもたちがはやしたてた。

「親が言っているから、子どもはそれを真似する」

それを知って伯母は、自分の黒い髪を赤毛に変えた。

「昔のことなのでヘアカラーがあるわけではないので、ビールか何かで髪を洗ったかして脱色したのだろうと思いますが、私と同じ茶色にして一緒に歩いてくれたりしました」

それでも自分の髪は好きになれなかった。容貌からは日本人の面影さえも感じられない。肌の色は変えられない。せめて黒い髪にしたくて、伯母の茶髪を見て思い立った。

「墨汁で髪を洗えば、黒髪になれるかもしれない」

実際に試しこともある。髪どころか全身が真っ黒になったが、洗い流せば元通りの髪の色だった。

侮蔑的な言葉は、「アメ公」はまだましな方で、子どもからも「パンパンの子」「パンスケの子」という言葉が口をついて出た。

小学校高学年にもなれば、ハルマンにもその意味がはっきりと理解できるようになる。侮蔑的な言葉を浴びせかけられていることを知った伯母が、学校に抗議にきてくれた。

「コツン、コツンという杖をつく音が廊下に響いて、伯母がきてくれたのはすぐにわかりました」

担任は女性教師だった。伯母の話を聞き、担任教師は暴言を吐いた生徒とハルマンを呼んだ。

「ハルさん、私が許すけん、私の目の前で相撲ばとんなっせ。いじめたやつを負かせなさい。そのかわりどっちが負けたっちゃ、水にば流さんといけんよ、これを最後にするように」

担任教師は話し合いではなく、相撲で決着をつけさせた。

「今の学校でこんなことをすれば、すぐに問題になるのでしょうが、私の子どもの頃は、こうした方法で気のすむようにさせてくれた先生がいました」

ハルマンの身長はどちらかと言えば高い方だったが、極端に痩せていた。

「子どもの頃のあだ名は、漫画のポパイに出てくるオリーブ。でも私、運動神経はよかったし、喧嘩は強かったの。男の子にだって負けなかった。負けてめそめそしていたら、生きてなんかこれなかったのよ」

喘息に苦しめられながらも、二人のオバと親戚らに大切に育てられハルマンは成長した。

「家は貧乏だったけど、オバさんたちに大切にしてもらった。だから曲がった道に進むこともなかったと思っているの」

ハルマンに面と向かって差別的な言葉を吐きつける連中はいなくなった。しかし、背後に回れば誹謗中傷する連中はいくらでもいた。

中学校に進み、将来のことを考えるようになった。しかし、他の生徒のように希望のある未来を描けなかった。高校進学率は、高度経済成長期に入って以降、大きく上昇し、一九五八年の五三・七％から一九六五年には七〇・七％に上昇している。それでも三割の生徒が中学を卒業した後、一般社会に出て働き始める時代だった。

成績はよかった。特待奨学生として高校に進学する道は開かれていた。高校に進学したとしても、自分にはどんな人生が待っているのだろうか。

「自分は何で生まれてきたんだろう。平凡な普通の日本人として生まれてきたかったのに……。家は貧しいし、ぜんそくで入退院の繰り返し。あまりにもつらくて……」

進路を決めなければいけない時期に来ていた。ハルマンは長年心に沈殿していたわだかまる思いを母親にぶつけた。

「なぜアメリカ人と一緒になったの？　なぜこんな顔に私を産んだの？」

母親からは予想もしていない言葉が返ってきた。

「相手が黒人でなくてよかったでしょう」

「あいの子」と差別されても「クロンボ」と呼ばれることはない。黒人よりはまだましだろうという意味なのか。どんな意味だったのかわからないが、本来なら身を挺して守ってくれるはずの母親からハルマンは差別されたと思った。

その夜、ハルマンはガス管を口にくわえた。

「母は私のことには関心のない人でした。母の言葉を聞いて、もういいやって思ってしまった」

二人のオバの顔が浮かんだ。

「オバちゃんたちを悲しませることはできない」

二人のオバに支えられ、ハルマンは死を思いとどまった。しかし、母親の言葉はハルマンを生涯苦しめることになる。

ハルマンは学業でも優れていた。成績もよく、高校は特待奨学生として熊本市内の女子高に進学した。

高校に進学しても、ハルマンは不良学生に目をつけられた。入学早々、女子高の番長がハルマンにわざとぶつかってきた。

「早速来たよと思いました。その頃はもうそうしたいじめというか、いやがらせには慣れっこになっていた。それで放課後、校舎の裏でその番長を叩きのめしてやった。そしたら翌日から、その番長が卒業するまで私のカバン持ちをしてくれた」

高校を卒業後、上京した。箱根小涌園のフロント係をしていた時にモデルにスカウトされた。タレントとして活躍した時期もある。これまでに離婚を二回経験し、四人の子どもを育ててきた。

四人の子どもはそれぞれ独立を果たした。しかし、それぞれが容貌のことで、それなりの「苦労」を経験してきた。

幼稚園に通い出した次女響美に何かあると直感したのは、入園直後だった。いつも朗らかで明るい響美の表情がさえなかった。持たせた弁当は残して持ち帰ってきた。

帰宅しても話し方がいつもと違い、どことなくおどおどしている。食事の時もしょんぼりしている。

「なんかおかしいってすぐに気づきました」

ハルマンが幼稚園の様子をたずねると、「ガイジン」とからかわれていることがわかった。

彼女はすぐに幼稚園に行った。

「幼稚園にお願いして、先生と園児を集めてもらいました。皆の前で、説明したんです」

ハルマンは自分の生い立ちを園児にわかりやすく説明した。

「このおばちゃんから響美は生まれてきたのよって。そうすると園児たちはわかったって納得するのよ」

それでも「ガイジン」と呼ばれ、いじめが完全になくなったわけではない。

「そういった呼び方を家庭で、親がしているのだろうと思いました」

そのたびに幼稚園に出向き、何度も同じ説明を繰り返した。

小学校に進むと、違う地区から入学してくる生徒もいる。彼女は最初からまた同じ説明を、教師と生徒の前で繰り返した。

こうした経験からハルマンはＰＴＡ役員を積極的に引き受けてきた。

「先生を見張るとか、子どもがいじめられていないか監視する目的ではなく、学校に頻繁に顔を出していれば、学校の雰囲気もわかるようになるし、生徒たちの顔を直接見ていれば、異変にも気づいてやれるからです」

子どもを守るために必死だったが、実は子どもの目、子どもの発する言葉をいちばん恐れていたのはハルマン自身だった。子どもは何の斟酌もなく思ったままを口にする。その言葉で何度も傷ついてきた。

「自分の子どもが容貌のことでいじめられていたら、もうそんなことは言ってられなかった」

四人の子どもは、それぞれが容貌のことで不快な思いを経験してきた。

「こんな顔に生まれてきてイヤになるよ」

長男が何気なく呟いた。そうした言葉を聞くたびにハルマンは針で刺されたような痛みを覚えた。

「テレビに出演している時、ハーフということでいろんなつらい目に遭った体験を話したことがありました。でも司会者も番組観覧者も、きょとんとしていて理解してくれなかった。それどころかモテてよかったでしょうくらいの感覚でした」

長女の絹子は、ハルマンと同じ道を歩み、サロン・ドートンヌに連続入選している。容貌は父親の特徴を色濃く引き継いだ。

二人で美術館に訪れていると、しばしば他の来館者からハルマンは英語で話しかけられる。日本語で答えると、話しかけてきた来館者は「日本語、お上手ですね」と決まったように驚嘆する。ハルマンは「当たり前でしょう。日本で生まれ育った日本人なんだから」と内心では思いながら、それでも母親は日本人で、父親はアイルランド系ドイツ人だと説明する。

「純粋な外国人ではないのですか」

二人のやりとりを聞いていた絹子がたまりかねて言葉をはさむ。

「母は日本人です」

相手はさらに困惑した表情を浮かべる。ハルマンと絹子の顔を交互に見比べている。絹子の容貌は日本人にしか見えない。そして、しばらく間をおいてから納得したような口調で言う。

「養子に迎えられたのですね」

「いいえ、私が産んだ子ですよ」

ハルマンが答える。

「相手の方は、母に対しても、私に対しても失礼なことを聞いているという認識がまったくありませんでした」

話しかけてきた来館者に問いただしても、それが差別だという意識もないだろうし、そんなつもりはないと答えるだろう。差別がやっかいなのは、本人が意識する、しないにかかわらず、相手を傷つけ差別してしまうことにある。

厚労省によると、日本で働く外国人労働者の数は年々増加し、二〇一六年には初めて百万人を突破し、二〇二一年十月時点の総数は約百七十三万人と過去最多を更新している。

国籍別に見ると、最も多いのはベトナム、次いで中国、さらにフィリピン、ブラジル、ネパールと続き、アジア諸国で、全体の六〇%以上と高い割合を占めている。ブラジルやペルーなどから来日した日系人が全体の約一〇%を占める。

こうしたニューカマーと日本人との間に生まれる子どもたちの数も必然的に増えていく。様々なハーフが誕生している。

「私はひと頃、混血児という言葉が怖くて、それを自分の口から話すことができませんでした。ハーフという言葉が出てきてからはそれを使うようになりました」

八〇年代から九〇年代にかけては「国際化」が叫ばれた。そして、今は「多様性」が求められている。

今でもハルマンは英語で話しかけられる機会が多い。

「もう面倒くさいので、日本人ですよって熊本弁で答えるようにしているんです。私が生まれた時代とは大きく変わってきています。容貌が日本人的ではないからといって、外国人だと思う時代はとっくに終焉を迎えています。私を見て、純粋な外国人ではないのですかと聞いてきた方がいましたが、逆に聞いてみたい。純粋な日本人って誰を指すのか」

混血児を言い換える言葉としてハーフが多用されるが、それはハルマンにとっては純粋な日本人とは誰なのかを問う言葉でもある。

母を看取った。危篤の時、院長から連絡があり、病院に泊まるように求められた。どうしても泊まることはできなかった。母から言われた言葉はどす黒いシミとなって心の中に残り、いまだに消えてはいない。

「事情を知らない院長から鬼だと言われました」

しかし、最期の時には立ち会い、葬儀もハルマンが取り仕切った。

母親の遺品を整理した。その中にはハルマンが子どもの頃に描いた絵もあった。

「今になれば母も差別に苦しめられていたのかなとは思います。差別というのは親子の間も引き裂くし、差別された者を死の淵へと追いやるものです。容貌で日本人だ、ガイジンだと差別するのはもう終わりにすべきです」

ハルマンはアトリエで、絵画の制作に打ち込みながらこう語った。

三代にわたる日韓の架橋

沢知恵（ともえ）、シンガーソングライター。神奈川県川崎市で日本人の父と韓国人の母の間に生まれた。韓国、アメリカ、日本で成長し、三歳の頃からピアノを始めた。

沢知恵

一九九一年、東京藝術大学音楽学部に在学中に歌手デビュー。一九九八年韓国で日本の大衆文化開放後、公式の場で最初に日本語で歌った歌手としても知られ、二〇二一年にデビュー三十周年を迎えた。

もう四十七年も前のことだ。まだ三歳だった頃の沢知恵を知っている。その頃、沢一家はソウル市内の中心部からバスで三十分ほど揺られた水踰洞（スユドン）で暮らしていた。

彼女の祖父は詩人の金素雲（キムソウン）で、『朝鮮童謡選』『朝鮮民謡選』『朝鮮詩集』（岩波文庫）を日本語に翻訳し、北原白秋、島崎藤村らから高い評価を得ていた。韓国語を学ぼうとする者は、金素雲編纂の『韓日辞典』を手に取ったはずだ。

イタリアで国際会議に出席するために日本に立ち寄った金素雲は、朝日新聞の取材に応じ、その中で朝鮮戦争の惨状を日本人に伝えたことで、「民族の反逆者」というレッテルを貼られ、それから十四年間も亡命生活を送らなければならなかった。

祖母は金韓林（キムハンリム）で、「韓国民主化の母」と呼ばれた女性だ。

一九六五年、日韓条約が締結され、日韓の国交が回復した。韓国では屈辱的なこの条約締結に反対するデモや集会が行われていた。

金素雲が亡命生活を終えて帰国した一週間後、金韓林が「犯人隠匿罪」で逮捕された。ソウル大学の学生会会長がデモの首謀者として指名手配された。その学生を金韓林は自宅にかくまったのだ。

父親の沢正彦は東京大学法学部を卒業。その後、東京神学大学大学院に在学中に韓国の延世（よんせ）大学に留学。その時に金素雲・金韓林夫妻の娘、金纓（キムヨン）と出会い、二人は結婚する。一九七〇年、新婚生活は川崎市の桜本から始まった。

沢正彦は川崎桜本教会で牧師として活動を開始した。そして生まれたのが長女の知恵、二女正恵だった。

一九七三年、日本キリスト教団の戦後最初の派遣牧師として水踰洞（スユドン）教会へ派遣された。

「日本が韓国に犯した罪科を知って、韓国の人々にお詫びをし、友だちになってもらおうと思って韓国に行った。日韓の不幸な歴史や両国の間の憎しみを知るにつれて、イエス・キリストの和解の十字架（クロス）が玄界灘に立っている幻を見た。だから僕は玄界灘をクロスして（渡って）行ったのだ」

沢は教会の牧師として勤めるかたわら、韓国神学大学の教壇にも立った。

沢知恵は日韓の歴史を背負った一家に誕生したといってもいい。

「生まれた桜本の記憶はないのですが、そこを歩くと、今でも懐かしさが込み上げてきます。きっと刷り込まれた記憶というものがあって、それがよみがえってくるのではないかと思うのです」

桜本は在日コリアンが多く暮らす地域として知られている。

「私の記憶はソウルの水踰洞から始まっています」

水踰洞にあった沢の家には民主化運動の関係者が頻繁に出入りしていた。

金芝河（キムジハ）の母親もその一人だ。金芝河は一九七〇年に朴正熙大統領体制を鋭く風刺した長篇詩『五賊』を発表し、反共法違反容疑で身柄を拘束された。沢知恵は金芝河の母親を「原州（ウォンジュ）のハルモニ（おばあちゃん）」と呼んでなついていた。

「警察が金芝河の母親を匿っていないかと、わが家によく来ていました。警察が来たことがわかると、私は原州のハルモニと一緒に納戸によく隠れていました。大人たちが必死になっているのがなんだかおかしくて、納戸の中で笑い出してしまいそうになり、ハルモニに静かにしていなさいと注意されたこともありました」

現在、岡山市内で暮らす沢知恵は、幼い頃を振り返る。

なぜ、私がソウルで暮らしている沢宅を訪れたのか。正確に記憶しているわけではないが、おそらく金韓林に会うためではなかったかと思う。当時はまだ学生だったが、戦前、広島や長崎で被爆し、戦後韓国に戻った被爆者の生活を調べるために、ソウルや釜山で暮らす被爆者を訪ね歩いていた。

在韓被爆者の中には、広島の日赤病院で治療を受けたくて、対馬を経由して密航で日本に入国する者もいた。そうした人たちは長崎県の大村収容所に収監され、強制送還されていた。彼らの声を直接聞こうと思い、韓国を訪ねた。金韓林は日本で治療を受けたいと願う被爆者たちの運動にもかかわっていた。金韓林の案内で、ソウルで暮らす被爆者の家を訪ね歩いた。

沢一家を訪れた時、「少し子どもたちの面倒を見ていてください」と沢夫妻から頼まれ、知恵と正恵と一緒に留守番をしたことがあった。

金韓林、沢夫妻は緊張した面持ちで出かけていった。三人が向かったのは拘置所だった。金纓の妹、当時、西江（ソガン）大学の学生で大学英字新聞の編集長だった金潤（キムユン）が、朴正熙政権下における民主化運動にかかわり逮捕、投獄された。

金潤は軍事法廷で裁判官から「反省したことがあるか」と問われ、「反省することはなにもありません。維新憲法、緊急措置法は独裁につながるものであり、即刻撤廃すべきである」と答え、転向を拒否している。

一家は金潤に面会するために西大門拘置所に向かったのだ。

その時の知恵も正恵もおとなしい女の子だったという印象が、私の記憶には残っている。

投獄された金潤の獄中生活は二年にも及ぶ。

「収監されている叔母の前で、こわい顔をした看守ににらまれながら歌を披露したのが、私の最初のステージでした」

それほど歌うこととピアノが好きだった。

幼稚園に通い始めると、沢知恵は韓国語読みした「テク・チヘ」と名乗っていた。教会では高校生らから「トモチャン」と呼ばれることもあった。

「父が日本人、母が韓国人、そのことを自然に受け止めていたんだと思います」

激動する韓国、揺れ動く日韓関係。沢一家は否応なく歴史のうねりに巻き込まれていった。そうした環境の中で沢知恵は、一九七七年までソウルで過ごした。

その後、沢正彦がプリンストン神学校に留学するために、一家はアメリカ・ニュージャージー州プリンストンで暮らすことになる。

両親ともに英語は堪能、沢知恵もすぐに英語を話すようになった。当時流行っていたディスコ・ミュージックに合わせて踊る一方で、ゴスペルにも心を奪われた。ゴスペルは、アメリカの教会で、手を叩き、ステップを踏んだりする音楽で、黒人の中から生まれたとされる。

「歌手沢知恵の原体験として強烈に心に刻まれています」

留学生活を終えて、一家がソウルに戻ったのは一九七九年八月。しかし、その二カ月後、韓国政府から出国命令が出された。

労働条件改善を求めるために労組を結成しようとした労働者を支援したとして、クリスチャンが身柄を拘束された。当時の韓国政府は「共産主義者」のレッテルを貼り、彼らを「非難」していた。裁判を傍聴した沢は教会の説教で、その問題に言及した。

「彼らはイエスの教えを守り、虐げられた労働者の友となった真のイエスの弟子です」

この説教が韓国当局の耳に入り、「国外追放」処分を受けたのだ。一家は数カ月の間にアメリカ、韓国、日本へと引っ越しを余儀なくされた。この時、沢知恵は小学校三年生だった。

一家は東京都江戸川区小岩に住むようになり、沢正彦も小岩教会の牧師としての活動を再開させた。沢知恵は、日本語はまったくできなかったが、次の年には学級委員長に選ばれていた。

その後、地元の中学に進んだ知恵は、演歌好きな友人と『矢切の渡し』を熱唱したり、松田聖子や中森明菜に夢中になる女の子だった。

中学を卒業し、都立高校入学式の日だった。沢知恵の入学式を終えると成田空港に向かった。一家は再びアメリカ・ニュージャージー州ベントナーへと移り住んだ。沢正彦は「北朝鮮のキリスト教」を研究テーマにしていた。北朝鮮ではキリスト教が根絶されたといわれ、その研究資料を集めるためだ。

ベントナーは静かな町だったが、ある線を境に黒人と白人、貧困と富がはっきりと区切られる町でもあった。どこの国へ行こうとも、経済的な理由から二人の子どもが編入学するのは公立学校。

すぐに英語を話すようになった。家庭内でも気がつくと英語が飛び交うようになっていた。

「家の中では、日本語を使いなさいとか、韓国語を忘れないように、などと言われたことはありませんでした」

高校では妊婦が授業を受け、休憩時間になると廊下でいちゃつくカップルもいたり、およそ日本では考えられない高校生生活だった。

二度目のアメリカで、沢知恵はジャズと出会うことになる。

「最初のアメリカ生活ではゴスペル、二度目はジャズ、歌手沢知恵を構成する大きな要素だと思っています。二つの音楽に共通するのは、抑圧と解放なんです」

一年のアメリカ生活から東京に戻り、都立高校に復学した。

高校では女子だけでロックバンドを結成し、ボーカルを担当した。ロックは不良の音楽と思い込んでいた沢正彦は、それでも娘のライブに足を運び、衣装代まで出してくれた。

しかし、そのやさしい父親が高校二年の時にガンで他界した。まだ四十九歳という若さだった。沢知恵は音大に進みたいという希望を持っていた。

両親は音楽の世界に進むのを反対していた。音大を受験するには塾の費用がかかりすぎる。

「音楽をやって、それが何になるの」

母親からそう言われた。

高校二年が終わる頃だった。沢正彦の容体が急変した。修学旅行中だった知恵は呼び戻され、病院に駆けつけた。父親も音大に進むのは消極的だった。しかし、死の直前、知恵に言った言葉は違っていた。

「音楽の道は平坦ではないだろう。でも、自分で行けるところまでは行ってみなさい」

父の言葉を支えに、必死に頑張った。受験のための塾の費用は母親から借りた。そして翌年にはみごとに東京藝術大学に合格を果たした。

入学と同時にアルバイトをして稼ぎ、母親から借りた塾の費用の返済や学費にあてた。アルバイトで弾き語りをしているところをスカウトされ、一九九一年、二十歳の時にソロアルバム『トモエ・シングス』でBMGビクターから歌手デビューした。

歌手活動をする一方で、藝大も卒業している。卒論には黒人音楽の普遍性をテーマにまとめるつもりだった。しかし、金賢姫の大韓航空機事件が起きると、知恵の心に変化があった。

父親が北朝鮮の宗教政策を研究したことにも影響された。

「政治によって制度化される北朝鮮の芸術文化を卒論のテーマに選んだ」

卒論『朝鮮民主主義人民共和国の音楽――イデオロギーと音楽』は優秀論文に選ばれた。

歌手としての活動も継続していたが、ヒット曲を求められる商業主義になじめず、ライブ活動へと比重を置くようになった。

二十五歳で音楽プロデューサーと結婚し、二十六歳で自らが代表を務める会社を設立。自分で曲を生み出し、それを自分で歌って自分で売るというスタイルで歌手活動を続けてきた。

そうした地道な音楽活動が注目され、一九九八年十一月、韓国の光州（クァンジュ）でコンサートが実現した。日韓のマスコミがこのコンサートに注目した。

韓国では、長い間日本の映画や音楽の流入が法律で規制されていた。そのために日本語の曲をテレビやラジオで流すことも、日本のテレビ番組放映も認められていなかった。しかし、この年に日本の大衆文化が開放された。

開放後、最初に日本の歌を歌ったのが沢知恵で、曲は『こころ』だった。

わたしのこころは湖水です／どうぞ漕いでおいでなさい／あなたの白い影を抱き／玉と砕けて／舟べりへ／散りませう。

日本が朝鮮半島を植民地支配していた時代、朝鮮の詩人、金東鳴（キムドンミョン）の詩を、沢知恵の祖父金素雲が翻訳した。それに沢知恵が曲をつけた。

沢知恵はテレビの音楽番組に出演し、ＣＤの売り上げ枚数を競う歌手でない。しかし、沢知恵のファンは多い。

曲に込められた思いは、彼女の声と奏でるピアノのメロディーとともに聞く人の心に響き、共振を生み出す。ある者には癒しを、またある者には勇気を与えてくれる。そんな力を秘めている。

韓国の魅力を象徴する言葉に「モーニングカーム（朝の静けさ）」がある。

静謐な朝、湖は深い霧に包まれている。対岸は見えない。そこに穏やかな風が流れ、霧が揺れ、その向こうには鮮やかな緑に包まれた森が視界に入る。私にとって『こころ』はそんな風景が目に浮かんでくるような曲だ。

幼い時にゴスペルを聞き、多感な時代にジャズに聞いて育った沢知恵だが、ふと手にした祖父の翻訳した詩集。それを声に出して呼んだ時に、この曲は生み出された。

この曲で彼女は第四十回日本レコード大賞アジア音楽賞を受賞している。後に夏川りみ、クミコ、持田香織らがカバーしている曲でもある。

沢知恵が表現する音楽の世界を語る上で、どうしても外せない曲がある。それは『ザ・ライン』という英語の曲だ。

『こころ』が魂にそっと染み入る曲とするなら、『ザ・ライン』は魂が震えるような歌だ。

Where's the line between love and hate（愛と憎しみの間の線はどこにあるのか）
Where's the line between north and south（北と南をわけるのはどこか）
Where's the line between man and woman（男と女の間の線はどこか）

Where's the line between you and me（私とあなたを隔てる線はどこか）

There's a line, invisible line
Everywhere in this world, everyday of our lives（この世界には、そして日々の暮らしの中には、目に見えない線がたくさんある）
And it's you, to go over the line（その線を乗り越えるのはあなた自身だ）
It's easy if you try, 'cause the line is you（それは簡単なこと、だって線はあなた自身なのだから）

この曲は、反戦歌でもなく、平和を声高に叫ぶメッセージソングとして作曲された歌でもない。

「実は一九九六年に歌い始めたのですが、一つの恋愛が終わった時に作った歌なんです。あなたと私の間にどんなラインがあるのって考えていたら、ラインは男と女の間だけではなく、世界のいたるところにあるなって思えてきて、自然にあの曲ができあがっていました」

一九九九年、韓国に潜入した北朝鮮工作員と、韓国諜報部員との悲恋を描いた映画『シュリ』が公開された。監督はカン・ジェギュで、沢はカン監督と対談する機会があった。そこで沢はこの曲を監督の前で披露した。この曲を聞いたカン監督は、「私が映画で描きたかったすべてです」と涙した。

「シュリ」については、

「シュリは朝鮮半島にだけ生息する固有観賞魚。映画では特殊八軍団の作戦命令で使われるが、南北の

和解や統一の念願の意味を持つ」(「ハンギョレ新聞」一九九八年六月二十六日付)
「三八線を超えて南北を自由に行ったり来たりする魚。イデオロギーで濁った水では生きられない」(「キョンヒャン新聞」一九九九年三月五日付)

と紹介されている。三八度上を流れる川にも生息し、北も南もなく自由に泳ぎ回る。映画のタイトルはこの魚の名前から取られている。

沢知恵の曲の中に『私はだれでしょう』という曲がある。

おやじは九州のがんこおやじで
おふくろは韓国のわがままなやつで
ふたりを足して二で割った　私はだれでしょう
考えすぎて　わからなくなる
爆発しそう　それがどうした

そしてこの曲はこんな歌詞で終わる。

I'm a woman, I'm an artist, I'm everything that I am（私は女で、アーティストで、私が私であるすべて）
私はだれでしょう
私は私　私は私

両親はいったいなに人として沢知恵を育てたかったのか。確固たる教育方針があったのか。成長した沢知恵は母親に聞いたことがある。

「なに人かなんてことは、たいした問題ではない。信仰さえ受け継いでくれれば、それでいい」

父親は死を前にして言った。

「教会から離れないでほしい。教会を離れて失うものは、離れてすっきりするのに比べて、あまりにも惜しいものだ」

沢知恵は自分のアイデンティティについて悩んだことはない。

「半分韓国人で、半分日本人。クリスチャンであることを自然に受け容れ、それを誇りに感じている。両親がそう育ててくれたのでしょう。両親に教育方針があったとすれば、世界にはいろんな人がいて、みんながちがっていて素敵だということを体験させることだったと思います」

沢知恵は何者でもなく、「私は私」と自信に満ちた口調で語る。

沢知恵はいわゆるハーフでもなく、ダブルでもない。さらにその先をいくトランスナショナルとでも呼ぶべき新たなアイデンティティを確立したパーソナリティーに思えてくる。

「低空飛行の歌手を続けて三十年、神様、もう終わりにしていいですかって聞いたこともありました」

しかし、「行けるところまでいきなさい」という父の言葉、そして、彼女の歌に癒され、励まされたファンに支えられて今まで歌い続けてきた。

離婚も経験し、二人の子どもの母親でもある。

「われながら奇跡としか思えません」

沢知恵にとって歌は作るものではなく、生み出すものだという。

今、周囲を見渡すと、あるのは数多くの「ライン」だ。外国人労働者の排斥、在日コリアンへのヘイトクライム、ＬＧＢＴへの偏見、挙げればキリがない。

私はアメリカに住む韓国人の友人に『ザ・ライン』を紹介した。すぐに返信があった。

「アジアンヘイト事件が頻発している。この歌をアメリカ人に聞いてほしいと思った」

いくつものラインを超えてきた沢知恵にしか生み出せない曲が、今こそ求められているのだろう。

二つの国にルーツ

アイドルグループのＡＫＢ48を卒業後、女優として活躍する秋元才加。二〇二〇年六月に結婚、八月には、映画『山猫は眠らない８』にも出演、ハリウッドデビューを果たし、充実した日々を送っている。

彼女は日本人の父、フィリピン人の母との間に生まれたいわゆるハーフだ。

秋元才加

「母は私が出演した映画や舞台を見て、面白かったと言ってくれるのですが、やはり日本語へのハンディもあります。でも今回の映画は、あのシーンがよかったとか、あのセリフがよかったとか具体的なコメントを出してくれました」

母親は交流のあるフィリピンコミュニティーの知り合いに『山猫は眠らない８』に自分の娘が出演していることを告げ、「見てほしい」と誇らしげに語っていた。

秋元才加がＡＫＢ48のメンバーとしてアイドルデビュー

したのは十七歳の時だった。デビュー当時、ハーフであることを公表するかどうか、関係者の間で意見が交わされた。

最近では日本とフィリピンにルーツを持つハーフタレントが、バラエティー番組で活躍している。だが、その頃はまだその事実を明かすタレントは少なかった。

「周囲の人たちから、事実を隠した方がいいのではないかとアドバイスされました」

しかし、彼女はそれには応じなかった。

「隠すべきことでもないし、はずかしいことでもないから」

快活な声と歯切れのいい口調で語る。

父方の祖母は江戸っ子、その祖母から日本的な躾を受けた。

「人とお話をする時は相手の目を見てしなさい」

そう教わった。

インタビューをしている時も、じっと目を見つめながら質問に答える。

それに対して、「目力が強すぎて、アイドルらしくないって……」

周囲からはそんな批判の声が上がった時期もある。

AKB48に入る前に何度もオーディションを受けて、芸能界デビューを目指した。

「どうやら私は、周囲の人たちとは異質で、それを皆がとやかく言ってくる。でも芸能界ならきっと自分の個性を認めてもらえるに違いない」

オーディションの結果、合格通知をもらうがその先が続かなかった。

「入所費、レッスン費などが必要になり、私の家にはそれを支払う経済的余裕はなかった」

高校二年生の時、ラストチャンスだと思って応募したのがAKB48のオーディション。

「顔写真も写メで受け付けてもらえたし、合格後もレッスン代など必要なかった」

父親は「フーテンの寅さんのような人で、羽振りのいい時もあれば、そうでない時も……」

母親が仕事を解雇されると、一家の経済状態に暗雲がたれこめた。小学校の五、六年生の頃は最悪で、電気、ガス、それに水道が止められたことも。

「もう、そろそろだって両親から告知があり、水はいつも大目に蓄えられていました」

こうしたエピソードが彼女の口からもれてくるが、悲壮感はなく、むしろ懐かしく、そして愉快な思い出として語られる。

それまでは毎年のようにフィリピンを訪ねていた。セブ島から高速フェリーで二時間、カモテス島が母の故郷だ。

「しょっちゅう停電になり、島中が真っ暗。それでもフィリピンの人たちは、夜空の星を見上げてのんびり暮らしていた。電気がなくてもそれなりに楽しむ生活方法を知っていたし、そんなことくらいではめげない。二つの国を行き来して思ったのは、価値観や暮らしのスタイルもそれぞれ違っていて当たり前ということ。子どもの頃、服はいつもフリーマーケットで三百円くらいで買っていて、貧しかったという話になるのかもしれませんが、それで十分こと足りていた。それでもって自分を卑下することもなかった。それは母親譲りだと思います」

しかし、伸びやかに成長してきた彼女も、ハーフであるがゆえにいじめを受けた時期もある。生まれた直後に耳に穴をあけ、ピアスを飾っていた。フィリピンでは一般的なことだ。髪を染めてカラフルな服も着て、背も高かった。とにかく目立つ子どもだった。

「私の存在が周囲には異質だったのでしょう」

小学校の校庭を歩いていると校舎の三階から大きな石を投げられたり、「秋元、死ね」と公園に落書きされたりしたことも……。女の子のグループには入れず、学校では一人でいることが多かった。休み時間は図書室で本を読み、詩を書いて過ごした。

「みんな私が嫌いなんだ」

しかし、決して教室の隅でじっとしていたわけではない。石を投げられた時はすぐに校長室に行き、「私は何もしていないのに理不尽だ」と訴え、石を投げた生徒のもとへ校長先生を連れて行き、謝罪させた。

母親がフィリピン人だと知る近所の子どもたちからも、「フィリピン人、フィリピン人」とからかわれた。

「勉強もスポーツも頑張って、いじめるやつらを見返してやれ」

父親にそう励まされた。その言葉通りに成績も常にトップグループを走り、運動会の徒競走でも一等賞。

「自分が異質だというのは、子どもの頃から感じていましたが、それがコンプレックスにならなかったのは、何が起きても両親は周囲に対して『うちの娘はすごいだろう』と堂々と自慢していたから。どんな視線に対しても、それだけはぶれることがなかった。そういう両親がいつもそばにいてくれるという安心感はありました」

高校時代はバスケット部に所属、彼女と同じくらいの身長の選手は珍しくはなかった。しかし、ＡＫＢ48の中では突出していた。

「一人、ガンダムみたいな子がいる」

そんなファンの囁きが耳に入ってきた。

アイドルらしいアイドルの子にファンの人気が集まった。個別握手会の時など、他のアイドルには長蛇の列ができるが、彼女の前には数人のファンで、握手もすぐに終わってしまう。

気がつくと一人ポツンと会場でたたずんでいた。

「悔しかったし、悲しかった。でも、落ち込んでいると思われたくなかった。小さなプライドを保つために必死で、下を向くのだけはやめようと思った」

秋元康がプロデュースするＡＫＢ48は瞬く間に人気アイドルグループに成長していった。握手会では彼女の前にも長蛇の列ができていた。

「自分の個性をどう変えたらアイドル色に染められるのか、そればかりを考えていた」

しかし、その一方でそんな自分に違和感を覚えるようになった。

「自分のやりたいこと、目指すビジョンが見えてきたのが二十歳くらいの時。実際にグループ全体の方向性と自分がやりたいことが年々ズレてきているという感じもありました」

テレビのバラエティー番組にも出演した。他の出演者と最近のニューストークが進行していく。

「ニュースも見ていないから話についていけない」

ふと気がつくと、日本の社会の動きについても、世界の動向も何も知らない自分が華やかな世界に一人ポツンとたたずんでいた。

「社会情勢どころか、一人では新幹線にも乗れなかった」

そのことに不安を感じて新聞や本を読み、勉強するようになった。

いつまでも若くてカワイイ女の子を良しとするのではなく、年齢とともに知識や教養を身につけて「三十代は楽しいよ、四十代はもっと素敵だ」と言える女性になりたいと思った。

「二十五歳からの人生は自分で決めて、自分が理想とするカッコイイ女性になっていこう」

そう決意して、二十五歳でＡＫＢ48を「卒業」した。

その後は多数の映画やドラマに出演してきた。彼女の演技力にハリウッドも注目し、今回の『山猫は眠らない８』へとつながった。


秋元才加を支え続けてくれるファンに向けて、そうした情報や近況を彼女はＳＮＳを通じて発信している。だが、社会問題にふれると、それが思わぬ反響を呼び起こした。

「内容がわかってるのか不安です」とリプライ（返信）された。それに対して「すみません。大きなお世話です」と応じた。

その後も心ないリプライが書き込まれた。

「いやならフィリピンに帰れ」

「帰れ」と書かれても、秋元才加の国籍は日本なのだ。

中には「土人」という言葉を使ったものまであった。広辞苑には「未開の土着人。軽侮の意を含んで使われた」と記載されている。

「今までもフィリピンにルーツを持つということで、いろいろ言われてはきましたが、ここまで言われたのは初めてです。ある意味では〝新鮮〟でした、こんなふうに考える人もいるんだって」

自分の意見を他人に押しつけない。自分の考えと違うからといって誤りだと決めつけない。SNSに発信する時、この二点は常に心がけている。その上でコロナによる特別給付金や香港の人権問題、様々な社会的な問題にも言及している。

「もちろん人それぞれ、いろいろな思いがあるので正解はないけれど、いろいろな考えがあるということを受けとめながら、自分の意思は持っていたいと思います」

厚労省によれば、現在日本で働く外国人労働者は約百七十三万人。秋元才加だけではなく、中国、ベトナム、ブラジルなどからのニューカマー第二世代が成長してきている。

「日本の歴史、文化、伝統を守ることと、海外の人、日本以外にルーツを持つ人たちを拒絶することとは違うと思うんです。私だって日本は大好きです。その日本が優れた国として発展していくには、世界中の人と手を取り合っていく必要があると思っています」

デビューする時、実は母親からもフィリピンのハーフであることは隠した方がいいと言われた。母親は心ない言葉が自分の娘に投げつけられるのを心配していた。

二つの国にルーツを持つ人たちをハーフ（半分）ではなく、ダブルやミックスと呼ぶ動きがある。

「日本とフィリピン、ダブルであることに自信を持っている。そんな私を母に見てもらいたかったから、隠す気持ちなんてまったくありませんでした」

凛とした彼女の強さを感じたのだろう。三谷幸喜の舞台に出演した時、彼から『みにくいアヒルの子』の絵本が贈られた。

「君は他とは違うかもしれない。でも、努力をすればその個性が必ず花開く時が来る」

絵本は今も大切に保管されている。

「卒業」後、しばらくして同じようなことを秋元康も言っていたと知らされた。

「うれしかった」

ファンから送られた『風姿花伝』も愛読書の一つだ。『風姿花伝』は世阿弥の記した能の演技論といわれている。

ＮＨＫ・ＢＳ時代劇『雲霧仁左衛門』にも出演、さらに活躍の場が広がった。秋元才加はダブルであることを才能として輝かせて、女優の道を一歩一歩着実に歩み続けている。

差別、非行、そして希望

静岡県磐田駅から車で十数分のところに磐田東新町団地がある。北側を県道四〇三号磐田掛川線が走る。団地の周辺は田畑と、そして一戸建ての住宅が広がる。

この団地の住民の約六割（池上重弘・上田ナンシー直美 編集『磐田市東新町団地における生活状況をめぐる調査の詳細分析報告書』二〇一六年三月）はブラジル、ペルーなど南米からのデカセギに来日した日系人だ。近くにあるコンビニには日系人が次々に買い物にやってくる。この団地からラップチーム、グリーンキッズ（GREEN KIDS：GKと表記）が誕生した。

メンバーは、日系ペルー人のACHA（ウォン・アサヒコ）、日系ブラジル人のFlight-A（島田アラン）、Swag-A（アレックス）は双子の兄弟、そしてBARCO（ブルーノ・ケンジ・サイトウ・吉谷）、DJ PIG（フタマタ・クレスポ・アレックス）の二人。PIGだけがブラジル生まれで、十二歳の時に両親に連れられて来日。Crazy-K（大岡剛汰）は日本人だ。

GKはブラジル、ペルー、日本の混成ラップグループで、リーダーのACHAはペルー人、中国系、日系

団地集会所前でGKは産声をあげた

人の血を引く四世、その他のメンバーもブラジル人と日系人の血を引き、ハーフの容貌だ。

ＡＣＨＡ、Ｆｌｉｇｈｔ－Ａ、Ｓｗａｇ－Ａの三人はこの団地で生まれ、ＢＡＲＣＯは浜松市から引っ越してきて、この団地で育った。ＰＩＧとＣｒａｚｙ－Ｋの二人は隣接する袋井市で成長した。

一九九〇年入管法が改正され、ブラジル、ペルー、パラグアイなどの中南米の日系人二世や三世が就労目的で来日し、日本で暮らすようになった。リーマン・ショックが起きた二〇〇八年には、その数は三十六万人といわれている。

その当時、在日ブラジル人は約三十一万人、それ以降は職を失い帰国するものが相次ぎ、約十七万三千人（二〇一五年）にまで減った。しかし最近の労働力不足を反映して現在では約二十万七千人（二〇二一年）に増加している。

磐田市でも二〇〇八年七千五百十九人だったブラ

ジル人は、二〇一四年三千五百三十五人に減り、現在は五千三十六人になっている。

「リーマン・ショック前は、東新町団地は、僕らブラジル人でも近づくな、あそこは危ないという評判が立っていたくらい荒れた地区でした」

ＰＩＧが初めて団地を訪れた時、自販機の現金が持ち去られるという事件が起きていた。何台ものパトカーが非常灯を点滅させていた。

「あの頃は、団地内に二十四時間パトカーが常駐していました」（ＰＩＧ）

二〇一三年に結成されたＧＫが一躍注目されるようになったのは「Ｅ.Ｎ.Ｔ」という曲だ。東新町（とうしんちょう）、つまり「East New Town」の意味だ。この曲はこんなリリック（歌詞）で始まる。

始まりはこの団地だ！
east new town 俺様はここで育った
ガキの頃からの仲間が集まった
この中始めての万引きはヤギ兄弟とヤナギヤ

ヤギ兄弟とヤナギヤは団地の近くにあった雑貨店だ。ＧＫのリーダーＡＣＨＡが最初に万引きしたのがこの二つの雑貨店だった。親は稼ぐことで精一杯、子どもの世話まで手が回らない。学校に行けばいじめが待っている。給食にありつくこともできない。腹を空かせて団地内をさまよい歩く。

彼らが叩きつけるようにしてリリックに込めるのは、この団地で経験したつらいこと、悲しいこと、怒り、喜びだ。

「『E.N.T』だけではなく、俺たちが作る曲はすべて実際に体験したことに基づいている。それが俺たちGKの強みなんだ」〈Flight-A〉

デカセギで来日した日系人の多くの家庭では、ポルトガル語やスペイン語が使われる。当然子どもたちも、日本語を話す機会は少ない。団地内でも飛び交うのはポルトガル語やスペイン語だ。

双子の兄弟は地元の小学校入学式の日、自己紹介の順番が回ってきた時、日本語で話すことができずに泣き出してしまった。

容貌も日本人とは異なる。母親は日系人だが、父親はバイア州出身だ。州都サルバドールは、アフリカから連れて来られた黒人が降り立った港だ。二人の肌の色はモレーノと呼ばれる茶褐色だ。

この日から二人は「ガイジン」と呼ばれるようになった。

四十七年も前のことだが、私自身、移民としてブラジルに渡った。妻も日系三世だ。一九九〇年以降、妻の親戚が大挙して来日した。しばらくすると妻は親戚から学校でのいじめの相談を受けるようになった。

サンパウロ在住の心理学者、中川郷子は東京都で生まれ、幼い頃ブラジルに移住した準二世だ。彼女は二〇〇三年九月から十一月まで、愛知県豊田市の保見団地などでデカセギ子弟の教育状況を調査した。

調査地区は、日本人住民の間に軋轢が生まれて問題となっていた保見団地のある保見ケ丘地区。彼女の調査では、調査時点で全九千三百二人の住人のうち、外国人は三千七百三十九人、そのうち三千四百七十七人はブラジル人。

学校でのいじめが日系子弟に与える影響も大きい。愛知県刈谷市、保見団地や静岡県浜松市を中心に百三十五人のブラジル人青少年にインタビューした。五八％は日本の公立校に通おうとしたが、調査時点まで通い続けていたのはわずか一〇％のみ、通学をやめた最多理由はいじめだった。すさまじい割合でデカセギ子弟が登校拒否に陥っていたことがうかがえる。

ＧＫのメンバーも同じような経験をしている。ＢＡＲＣＯも通っていた小学校で、クラスメートからそうした言葉を投げつけられた。妻の親戚の子どもたちも「自分の国に帰れ」と言われるのが一番つらかったと語っていた。日本人の生徒とこうしたデカセギ子弟との軋轢は各地で起きていた。

十二歳で来日したＰＩＧはまったく日本語が話せない。話せないまま中学に進む。

「日本語を教えてくれたのは、その学校で不良って言われていたヤツだった」

外国人子弟に対する日本語などの支援は、各地方自治体で進められたが、それだけでは不十分だったのだろう。

「何故、ブラジルから日系人がデカセギにくるのか、日系人の歴史を知っている生徒なんかいなかった」

〔ＰＩＧ〕

その当時、中学校の教科書には、移民の歴史は北米、南米合わせて一、二ページだけだった。妻の親戚の子どもは、「ブラジルでは裸で暮らしていたのか」と聞かれたことさえあった。
「いつも俺たちは邪魔者扱いだった」〔Ｆｌｉｇｈｔ－Ａ〕
「やさしくしてくれたのは、ガイジンの生徒に日本語を教えた先生くらいだ」〔Ｓｗａｇ－Ａ〕
「日本語がわからないから、テストの時間は寝ているだけ。回収される時、俺の答案用紙は涎で濡れていた」〔Ｆｌｉｇｈｔ－Ａ〕
中学校に進んだ二人を待ち受けていたのは「特別教室」だった。他の生徒とは違う教室、授業は一時間目から体育。
「やったのはドブさらいとか、他の生徒のマラソンコースの整備」〔Ｆｌｉｇｈｔ－Ａ〕
「義務教育は日本人のためのもの、ガイジンは関係ないって……」〔Ｓｗａｇ－Ａ〕
「俺も同じことを何度も言われた。あれを言われるのがホントに嫌だった」〔ＰＩＧ〕
東海大学国際学科の小貫大輔教授は、「義務教育」から外国籍の児童を除外する動きについてこう語る。

二〇一九年に文科省が初めて実施した「外国人の子どもの就学状況等調査」では、学齢相当の外国人の子ども十二万三千八百三十人のうち、一万九千四百七十一人（さらに母国に帰国予定ないし既に帰国済の子どもを加えると二万二千四百八十八人）が就学していない可能性がある（またはその就学状況が確認できないでいる）ことがわかって、外国人の教育を支援する人たちに、そして文科省自身に対してもたいへんな衝撃を与えました。
つまり、外国籍の子どもの一六から一八％（およそ六人に一人）が学校に行っていないかもしれないのです。なんでそんなことになってしまったのか。

それは、ひとえに「義務教育は日本人だけに当てはまる」とされて来たからです。

「義務」とはいっても、それはつまり「保護者が子どもに普通教育を受けさせる義務」のことであって、子どもにとっては「教育を受ける権利」の保障を意味します。

「教育への権利」がすべての人に保障され、初等教育への（小・中学校の教育）は義務的かつ無償でなされなければいけないことは、世界人権宣言でも国際人権規約でも明言されている通りです。

しかし、現実にはそうではない。団地で生まれ育った児童は学校へは当然足が遠のく。生活は荒んでいくばかりで、団地には同じように行き場を失った先輩、仲間たちがゴロゴロしていた。

生まれは Ghetto 磐田東新町
小さい頃から色々経験してるよ
喧嘩に Drag 窃盗に B·itch な女
先輩達はヤク中　（「Real da·i·ly」）

団地の中でも、双子の兄弟、ACAHAはその代表格。団地に住むブラジル人、ペルー人からさえも白眼視された。

「あいつらだけには近づくなって言われた」〔BARCO〕

そのBARCOも窃盗を繰り返し、栃木県の喜連川少年院で一年半の矯正教育を受けている。
「殺人、性犯罪、薬物犯罪以外はやってきた」〔BARCO〕
荒れ切った東新町団地に迷い込むようにやってきたのがCrazy―Kだった。

あれは確か中3
俺と一緒だった
夢と希望そんなもの俺らになかった
小バカにされた　（「E.N.T」）

彼もまた鑑別所まで送られた経験を持っている。

双子の兄弟、Crazy―Kたちは、無免許運転で車をスーパーの駐車場に乗り入れて、万引きを計画的に実行した。スーパーのカートに欲しいものを詰め込んで、レジを通さずに車に走った。奪った品物を車に積み込み、そのまま逃走。他の車に追突して大破させた。

「俺はスーパーの店内には入らず、車の中にいたんだけど、警察官にすぐに双子だとわかってしまい、俺もパクられた」〔Swag―A〕

双子の両親は、警察やスーパー、廃車にしてしまった車のオーナーに謝罪に飛び回った。

「あまりにもぶっ飛んだことをするので、それでFlightなんて呼ばれるようになったんだ。母親にはずいぶん迷惑をかけてしまった。俺たちが何かしでかさないか、それを心配して、自転車で駆けずり回り、東

新町のチャリンコポリスって呼ばれていた」〔Ｆｌｉｇｈｔ—Ａ〕

「磐田市東新町団地における生活状況をめぐる調査の詳細分析報告書」には、子どもの教育に対する親の希望を集計したデータがある。

もっとも多かったのは「（日本の）短大・大学を卒業」で三〇・六％を占めた。「専門学校を卒業」が二四・七％でそれに続く。日本の高校卒業を期待する保護者は二一・二％であった。日本の中学校や外国人学校の中学校段階を卒業するレベルでよいと考える保護者は二〇％で、保護者の多くが少なくとも高校卒業ないし、外国人学校の高校段階卒業以上の学歴を期待している。

デカセギ子弟の中には、中学校教師になったり、司法試験に合格して弁護士になったりする者も出てきている。ブラジルに留学する大学生も一部には誕生しているが、こうしたルートから外れてしまう者も少なくない。ＧＫのメンバーで高校を卒業した者はいない。

「なんでこんなに惨めなのか、この団地に生まれたのを怨んだこともあるよ」〔Ｓｗａｇ—Ａ〕

親たちは人材斡旋会社から派遣される職場で働き、不要になれば真っ先に解雇される。二〇〇八年のリーマン・ショックの時、多くの日系人が職を失った。

ＡＣＨＡの母親は苦労して金を貯め、ペルー料理店を開いた。その直後にリーマン・ショック、料理店はすぐに閉店に追い込まれた。

二〇一一年、ＡＣＨＡの両親は一時ペルーに帰国した。日本にはＡＣＨＡ一人だけが残った。当時彼はまだ十五歳、アパートの電気は料金滞納で止められた。食事は双子の家で食べさせてもらっていた。

「お前もやってみろって、ドラッグを先輩に勧められたけど、興味がなくてやらなかった」

しかし、一人暮らしを始めたＡＣＨＡはドラッグを試しに吸引してみた。

「一度やったら止められなくなってしまった」

当時は脱法ドラッグとして、磐田駅前や浜松市内でも売る店があった。ドラッグを吸引するストローを咥えながら、買いに行くようになってしまった。

団地の中はますます荒んでいった。どこにも身の置き場のない彼らは、団地内にある集会所前に集まるようになる。

本当の暗闇は何も見えない。自分の手も足も、近くにいる仲間の顔さえも見えない。集会所の前には、今は取り外されてないが、以前は自販機が置かれていた。十円玉一個を挿入すると、自販機が点灯し、ドリンク類を映し出す。その灯りの前に集まり、彼らは何を話すでもなく夜を明かした。

「自販機の灯りは、俺たちにとっては〝神灯り〟だったよ」〈Ｆｌｉｇｈｔ－Ａ〉

十円玉が灯す明かりだけが彼らの希望（エスペランサ）の光だった。


暗闇を手探りで動き回る彼らの指先に何かが触れた。

「これなら俺たちにできるんじゃないか」

誰かが言った。

手にしたスマホには、ユーチューブの動画が映し出されていた。

高校生ラップ選手権の様子が動画で流れていた。

ラップは韻（ライム）を踏みながらリズミカルに歌う音楽で、一九七〇年代、ニューヨーク市ブロンクス区で行われていたパーティーから生まれたとされる。参加者の多くは黒人、ヒスパニック系の若い貧困層。当時は治安が悪く、ギャング同士の抗争が頻発していた。ギャング団の若者たちは暴力ではなく音楽で自分を表現するようになっていた。

この頃、東新町団地にもラップに興味を持ち、自分なりにリリックを書き、歌いだしている者もいた。

「いくつかのグループがあって、最初はバラバラだった」〈ＡＣＨＡ〉

「俺たちはＡＣＨＡとは違うグループでやっていた」〈Ｆｌｉｇｈｔ―Ａ〉

それが集会所前に集まり、一つのグループとなった。それがＧＫだった。団地の周辺は緑の多い田畑、その近くの団地に住むワルガキ、そんな意味がグループ名に込められ、結成されたのは二〇一三年だ。

戦後間もないブラジルの日系社会で、俳句が二世の間で流行した。移民は錦衣（きんい）帰国が目的で、永住する意思はなかった。しかし、日本の敗戦によって一世たちはブラジルに永住することを決意する。その結果、一世と運命を共にしてきた二世たちはブラジルのあらゆる分野に社会進出していくことになる。

戦前生まれの二世たちの教育は、日本語教育に重きが置かれていた。日本とブラジルの間で揺れ動く二世の複雑な心情を表現するのに、たった十七音の詩が彼らの心をとらえたのだ。しかし、俳句には季語を詠み込まなければならない。四季のないブラジルで俳句を詠むのには、最初から困難が伴った。それでも彼らは自分たちで季語を作り上げ、俳句を詠んだ。それは、ブラジルで生きようとする日系人のアイデンティティを探す、精神的な営みだったのかもしれない。

東新町団地で生まれた育ったデカセギ二世の心を惹き付けたのがラップだった。ブラジル人の多い地区には、ブラジルから進出してきて、ブラジルのカリキュラムに沿った教育をする学校もある。しかし、こうした学校は授業料が高い。通えるのは一部のデカセギ子弟だけだ。日本の公立小学校、中学校に通ってもいじめや差別、そして教育者の無理解。義務教育でさえ、彼らには学ぶ機会が与えられなかった。

そうした彼らが自分の存在を考え、主張する手段がラップだった。

稼ぐためにやってねーし
好きな物を追いかけるだけ
誰かの真似とかじゃダメ
ボロボロの団地でオリジナルを学んできたぜ　（「E.N.T」）

昼間は仕事で留守になる部屋に集まり、みんなでリリックを考えた。夜は集会所前の自販機のコンセントを引き抜き、オーディオ機器をつないで夜中まで練習した。当然住民から苦情も出るし、警邏中のパトカーに解散するように注意も受けた。しかし、彼らの情熱はそれで終息することはなかった。

リリック作りは一人一人の心に沈殿していた思いを吐き出すことから始まった。

妬み嫉妬数え切れんほどくらった
外人だから差別も味わった（「Ｅｓｃａｐｅ」）

ラップに夢中になると、ＡＣＨＡのドラッグは止んでいた。

ＧＫの名前が、次第に静岡県、愛知県のライブハウスに知られるようになっていった。初めてのライブは二〇一五年豊田市だった。トヨタ関連の企業で働く日系人も多い。彼らを応援する地元のファンもライブハウスに押しかけた。

すでに中学校を「卒業」した彼らは、工場のラインやその他の職場で働き始めていた。

「ワンボックスカーにメンバー全員が乗って、呼んでくれるライブハウスがあれば、ノーギャラでどこへでも行っていました」〔Ｆｌｉｇｈｔ－Ａ〕

一年間ノーギャラでライブハウスに出演した回数は六十三回。東名高速道を使っての移動で、高速料金、ガソリン代の費用もかかる。経費はメンバーが割勘で支払った。

「ライブがやりたくて、たった出番八分だけのライブにも行った」〔Ｆｌｉｇｈｔ－Ａ〕

翌朝東新町に戻ると、そのまま出社して仕事に就いた。

知名度が少しずつ上昇し、ギャラを得られるようになった。彼らはそのギャラを貯金に回し、生活の糧はそれまでの仕事で得るようにしている。

ＧＫを全国区に押し上げたのは、ギャラを貯めて二〇一八年に制作した「Ｅ.Ｎ.Ｔ」のＰＶだ。

手元に小銭からダイヤ
こんな俺でも少し上がりだした　（「Worry」）

集会所の前で「E.N.T」を歌い上げる。周囲には団地の住民が彼らを見守る。団地のベランダ、階段と背景のシーンは変わる。そして最後は非常灯を点滅させるパトカーでPVは終わる。ユーチューブにアップされたこの動画の再生回数は現在四十七万回。

それだけではない。Fl-ight-Aは、ABEMATVより配信されたソロのオーディション番組「ラップスタア誕生！」に出場し、予選を勝ち抜き決勝に出場した。Season 3（二〇一八年）の四位入賞を果たしている。

「東京のライブ会場に着いたときは、もう始まる寸前だった。人がいっぱいで後の方で応援するしかなかった。隣をみたらタレントのあばれる君がいた」（PIG）

CKはようやく日の当たる場所にその芽を出したばかりだ。

結成当時、メンバーは十三人だった。

「結婚した人もいるし、仕事で抜けた人もいる」（Fl-ight-A）

抜けた理由はそれだけではない。

消えた仲間今もアイツは檻の中

あの約束も俺忘れてないから！
辞めた二人今を見てくれ！
lyric 書けなかった俺だぜ？
今じゃボスだ
背負った看板　GREEN KIDS俺ら！（「E.N.T」）

Flight―Aの右腕には「東新町」、Swag―Aのやはり右腕には磐田市の局番「0538」のタトゥーが彫り込まれている。彼らにとってはこの団地からすべてが始まっている。

逃げも隠れもしない俺達はここだ
0538ここから成り上がる　（「escape」）

「一歩一歩階段を上がってきたって感じなんだ」（Flight―A）
夢はまだずっと先にある。彼らは昼間働きながら、ライブ活動を月に三、四回のペースで展開してきた。コロナ騒ぎによってライブはすべて中止になり、それどころか仕事を失ったメンバーもいる。日本で育ったデカセギ第二世代という現実には厳しいものがある。それでもGKは歌い続け、歩みを止めない。

今辛くたってここにいねえと
今更出戻る時間はねえよ……（「Worry」）

環境なんて関係ないさ
逆にこの街に感謝（「E.N.T」）

彼らは逆境の中でもめげることなく、自分を見失うこともうなかった。
「ライブだけで食っていけるようになって全国をツアーで回りたい」〔ACHA〕
「そのためにはもっと曲を作ることなんだ」〔Fl·ight-A〕
次の目標はブラジルで撮影したPVを制作することだ。
リリックの中にこんなフレーズが出てくる。「変わらないよroots」（「Real da·ily」）
その「rocts」に向けられたヘイトをはねのけてきた。
「愛や力に変えてきたヘイト」（「Worry」）
「BARCOっていう名前は、日本に開国を迫った黒船をイメージして付けた名前なんだ」〔BARCO〕
黒船のような大型船はポルトガル語でnav·ioだ。barcoは小舟を意味する。GKは日本人、日系人、その他の外国人もともに生きる社会を日本に迫る小さな黒船なのかもしれない。
厚労省によれば、現在日本で働く外国人労働者は約百七十三万人。ベトナム人、中国人も多い。今後、次々に第二世代が誕生してくるだろう。

「俺たちはそんな連中の希望になりたいんだ。つらくっても頑張っていると夢はかなうぞって」〈Flight−A〉

ＧＫが紡ぎだすリリックは、日本で生きようとする彼らの叫びでもあり、新たなアイデンティティの誕生を告げる産声のようにも私には思える。

無国籍の母と子

無国籍と聞いて読者はどんなことを想像するだろうか。

国家の崩壊などで国籍を失った人、難民の親から生まれ、出生届を提出しようにもその術がなく、無国籍者となってしまった子ども、そんなことを私は想像する。

UNHCR（国連難民高等弁務官事務所）によれば世界には千二百万人の無国籍者がいるとされている。現代の日本で生まれ育った者の中にも無国籍者はいる。その数は二〇〇八年当時、千五百七十三人（財団法人入管協会）、そして二〇二〇年末、六百二十七人（出入国在留管理庁）とされている。

谷川佳奈さん（仮名三十二歳）と長女の亜矢さん（仮名三歳）の親子もその無国籍者だった。現在、二人は東海地区で暮らしている。周辺にはグローバル企業が多い。そしてそのグローバル企業を支える下請けの中小零細企業で働く外国人労働者も少なくない。

在日外国人数は二百九十六万一千九百六十九人（二〇二二年六月）で、国籍別に見ると、中国、ベトナム、韓国、フィリピン、ブラジル、ネパールの順に多い。

佳奈さんの父親は日本人、母親はフィリピン人、いわゆる日比のハーフで、ニューカマー第二世代と言ってもいいだろう。

ニューカマーとは、一般的には一九八〇年代に日本に入国、日本で暮らすようになった外国人を指す。具体的には興行査証（ビザ）などで入国し、その後日本人と結婚、「日本人の配偶者等」の査証に切り替えた東南アジアの女性や、あるいはデカセギ目的で来日した中南米の日系人などだ。

今ではその第二世代が台頭し、スポーツや芸能界で活躍するようになっている。テレビでもハーフのタレントを見ない日はないだろう。彼らはＣＭやバラエティー番組に引っ張りだこだ。

その一方で、佳奈さんのような国籍を持たないハーフが生まれている。

「子どもの頃、周囲には南米からの日系人もいたし、学校でも私と同じようなフィリピン国籍の母親から生まれたハーフもクラスに二、三人はいたので、私もそうした子どもと何も変わらないと思って育ってきました」

ただ一般の家庭と違っていたのは、夫婦が別居し、佳奈さん自身は父親と祖父母の家庭で育った。

「別居といっても、同じマンションの三階と五階で、離れたところで別々に暮らしていたわけではありません。ただなんとなく両親は不仲なんだろうな、というのは感じていましたが」

父親は九州出身で、中学を卒業し、集団就職で東海地区の工場に就職した。

母親がいつ来日したのかは、佳奈さんは知らない。おそらく一九八〇年代に興行ビザを取得してやって来たのだろうと思われる。そして父親は母が働いていた東海地区の飲食店で出会った。通常であれば結婚し、母親の興行ビザは「日本人の配偶者等」に変わり、佳奈さんは日本国籍を取得していたはずだ。

しかし、両親は入籍もせずにそのまま同居した。母親がオーバーステイの状態になっていたからだ。佳奈さんが生まれ、そして三年後には妹も生まれた。二人の出生届も市役所には提出されず、戸籍にも住民票にも無登録の状態だった。

学齢に達する児童の保護者に対しては就学通知が出され、地域の学校に児童を入学させる義務が親にはある。しかし、佳奈さんに就学通知が届くはずもなかった。

「父がいろいろ動いて学校に通えるようにしてくれたのだろうと思います」

佳奈さんの両親はすでに他界、子どもの頃の事情を知る者はいない。

ブラジル、ペルー、あるいはフィリピン国籍の児童が多い地区で、佳奈さんは外国籍の親から生まれた子どもとして、就学していた可能性が考えられる。

「母親がフィリピン人だということくらいで、フィリピンのどこの出身で、祖父母はどうしているのか、母親に兄弟姉妹はいるのかとか、そんな話を聞くこともありませんでした」

母親は健康そうに見えた。母親が病気にかかり医師の診察、治療を受けたという記憶が佳奈さんにはない。風邪をひいても市販の薬を服用するくらいだった。その母親が、佳奈さんが中学一年生の頃病死した。まだ四十八歳という若さだった。

母親が医師の治療を受けなかったのには理由があった。母親はオーバーステイが発覚し、強制送還されるのを恐れていた。そのために結婚届も二人の娘の出生届も提出していなかったのだ。健康保険にも加入できずに、どうしても診察治療を受けなければならない時には、実費で治療を受けていた。

「母親のルーツについては何一つ聞いていません」

佳奈さんは地元の中学校を卒業し、高校に進学した。

高校で仲のいい友だちと一緒に原付免許を取ろうという計画が持ち上がった。父親に免許を取りたいと許可を求めた。寡黙な父がひと言だけ言った。

「止めとけ」

事故でも起こしたら大変だと、佳奈さんの身を案じて、免許取得に反対したのだと思った。

「免許を取ろうにも私には取れないことが、父にはわかっていました。住民基本台帳に私は登録されていないので、住民票が取れなかったからです」

父親は二人の娘の出生届も出さず、国民皆保険といわれる健康保険も未加入状態にあることを案じていた。

「母親がオーバーステイだというのを父も認識していたようで、亡くなるまでに何度も入管に出頭して事情を説明して、オーバーステイの状態を解消しようとしたようですが、母は強制送還を恐れて、父がどんなに説得しても応じなかったらしい」

オーバーステイとはいえ、日本人男性との間に二人の子どももあり、実体のある婚姻生活を送っている。特別在留許可が下りる可能性は十分にあった。

しかし、佳奈さんが生まれた翌年に日本は入管法を改正、南米の日系人に定住査証を発給し、労働力として導入する方向に舵を切った。それはオーバーステイとなった外国人の国外強制退去につながった。また改正入管法では、滞在資格のない外国人を雇った雇用主も罰則の対象となった。

佳奈さんの母親が入管を恐れたのは十分想像がつく。

さらに二〇〇八年十二月に国籍法が改正（二〇〇九年一月一日施行）され、出生後でも日本人の親に認知されていれば、父母が結婚していない場合にも届出によって日本国籍の取得が可能にもなっている。「国籍を取得しようとする者が、父又は母に認知されていること、二十歳未満であること、出生したときに、認知をした父又は母が日本国民であったこと」を条件に日本国籍が取得できるようになったのだ。

佳奈さんはすでに二十歳を過ぎていた。妹はまだ十九歳だった。しかし、二人とも日本国籍は取得できなかった。

「父は国籍を取らなければといろいろ動いたようですが、必要な書類を揃えられなかったようなんです」

母親はフィリピンの偽造旅券で日本に入国していた可能性があった。つまり本当にフィリピン人なのかもわからないのだ。

父親はその後も懸命に二人の娘の戸籍や国籍のために奔走した。

父親は佳奈さんが小学校に入学した頃には糖尿病を発症していた。そして病気が原因で、佳奈さんが高校に入学した年に失職した。一家の生活は経済的に立ちいかなくなり、佳奈さんは高校を自主退学せざるを得なかった。父親は自分が元気なうちに、戸籍、国籍をはっきりさせなければという思いが強かったのだろう。国籍取得の手続きが思うように進まないのがわかると、二人の娘を連れて入国管理局を訪れた。

「私は事情を何も知らないで入管に行きました」

待っていたのは予想もしていなかった取り調べだった。

「入管と聞くと、今でもドキッとします。私にとっては恐怖体験でしかありません」

妹とは別々の部屋で事情聴取を受けた。

「まるで犯罪者扱いで、いきなり顔写真を撮影され、すぐに指紋も取られました」

自分のルーツについて執拗に追及された。

出生地を聞かれた。Ｋ市民病院と答えた。

「どうしてそう思うのか」

「両親からそう聞いたから」

「カルテを見ましたか」

生まれた時の、母親や自分のカルテを見る者が果たしているのだろうか。

「母子手帳を見たことは？」

カルテの保存期間は医療が完結してから五年と定められている。保険証もなく、病院にかかる時は実費を払うしかなかった。彼女の出生を記録したカルテはＫ市民病院には残されていなかった。しかも一家は何度も引っ越しを繰り返している。幼い頃撮影された写真もなかった。

幸運にも三歳下の妹には、出生記録が病院に残されていた。しかし、佳奈さんが日本で生まれたという記録はいっさいなかった。

「母親が偽造パスポートによる入国というのが後にわかりました。しかもオーバーステイ。私が聞いていた母親の名前も偽造旅券に記載されていた名前なので、私は母親の本当の名前も年齢も知らないのです。その子どもの私も日本に不法入国、不法滞在と疑われた」

何度も入管、そして法務局を訪れて事情を説明した。

「あまりにもひどい扱いで、ずっと日本で暮らし、普通のハーフだと思っていたのが犯罪者扱いされ、入管での執拗な聴取に泣き出してしまったこともあります」

母親は逮捕、強制送還を恐れて、佳奈さんにも自分の家族についていっさい語っていない。佳奈さん本人には母親のことを知るすべはまったくなかった。それを入管で追及された。しかし、父親の親戚の証言によって、佳奈さんと妹には「特別在留許可」が認められた。法務省によれば、「不法滞在やオーバーステーなどで退去強制事由に該当し、本来であれば日本から退去強制させなければならない人を、様々な事情を考慮して例外的に日本での在留を認めるのが在留特別許可」ということになる。

二〇一四年、在留カードを手にすることができた。三年ごとに更新手続きをしなければならないが、在留資格は定住者となり、就労制限もない。

「これで自由に生きていけるって、その時には思ってしまった。入管であんなひどい扱いを受けるくらいなら、これでいいって……」

在留カードが発行されたのを見届けるようにして父親が亡くなった。

在留カードが発給された。居住地区の市役所に住民登録する必要がある。谷川佳奈が本名で、父が日本人、母がフィリピン人、自分は日本で生まれたハーフで、日本人として生きてきた。在留カードにはローマ字で名前が表記され、市役所に登録する名前もそれに準じてローマ字表記にするようにいわれた。彼女はこのカードを手にした時から、日本人としてではなく行政上は「外国人」という扱いを受けるようになってしまった。

高校中退後、美容院、ブライダル会社で働き、後に派遣社員として携帯電話の販売に携わった。会社の社員として働いた時期は社会保険に加入することができた。

「保険証だけは、谷川佳奈で表記してもらいましたが、他の書類はすべてローマ字表記に変えられてしまった」

外国人として自分を意識することなどなかった。しかし、その一方で在留カードを手にした時から自分が自分でなくなってしまったような感覚にとらわれた。

「でも、あの頃の私は入管に行くのはいやだったし、これでがまんしなければと自分に言い聞かせていたというか……。何かをしなければと思っても、実際に何をどうすればいいのかまったくわかりませんでした」

二十歳になった頃からベリーダンスを習っていた。ダンサー仲間とイスタンブールへ短期研修に行く計画が持ち上がった。

在留カードの国籍欄には「フィリピン」と記載されているが、母親の記録はなく、当然、彼女の旅券もフィリピン大使館で発給されることはない。

「私はどこにも行けないんだ……」

将来のために国家資格を必要とする職業に就こうと思っても、国籍条項に触れ、資格が取得できない。

「夢を一つ一つ奪われていく感じがしました」

自動車免許証を取得した。しかし、名前はローマ字表記になっていた。

自損事故を起こした時、警察官から免許証の提示を求められた。

「外国人だと思われ、警察官の口調が急にゆっくりになったり、英語で話しかけられたり……。私は日本語しかできないのに」

デパートに勤務した時は入館証を見られるのさえいやになった。IDカードの名前もローマ字で記載され、カードリーダーにかざす時、近くにいる職場仲間にカードを見られるのを警戒した。

「なぜ在留カードを持っているのかなんて、普通の人には説明してもわかってもらえるとは思えなかった」

恋人ができた。恋人だけには自分の置かれている複雑な事情はわかってほしいと思い、すべてを打ち明けた。恋人は佳奈さんが在留カードを手にするまでの事情を理解し、結婚を約束してくれた。

二十九歳の時に妊娠していることがわかり、相手の両親と会うことになった。

「複雑な事情は簡単に理解できるものではないから、最初はご挨拶だけにして、と彼に頼んでおいたのですが……」

恋人の母親は市役所の市民課に長年勤務していた。実家を訪れると、母親の他にも戸籍関係に詳しい知り合いが待っていた。

「あれほど話さないでと頼んでおいたのに、彼のご両親と外国人関係の手続きに詳しい人にすべてが伝わっていて、ご挨拶でうかがったのに、今までの経緯を根掘り葉掘り聞かれました」

その時は、外国人の手続きに詳しい人が、日本国籍は取得できるとしたり顔で説明した。

しかし、二回目に彼の実家を訪ねると様子は一変していた。

「いきなり結婚はできないと相手から告げられました」

佳奈さんは混乱した。結婚を約束していたのに、簡単に反故にされてしまった。理由を聞いてもはっきりとした答えは返ってこない。

問いつめると、「フィリピンのあなたの親戚にたかられるから」という返事。

破談にするための虚偽の理由だった。

佳奈さんのお腹の中に新たな生命が宿り、もう引き返すことはできなかった。

恋人もそれ以降は佳奈さんと会おうともしなかった。ＬＩＮＥはブロックされ、携帯電話は着信拒否。出産の日は迫ってくる。出産後の生活はどうしたらいいのか。育児をどうするのか。

「結婚というゴールが見えてくるまでは、自分一人の人生を送り、それで人生を終えても仕方ない。それが私の人生なんだって勝手にそう思い込んでいました。でも、妊娠している最中に一方的に結婚できないと告げられ、こんな苦しい思いをお腹の子にはさせたくないと考えるようになりました」

大きいお腹を抱えて、あれほど嫌がっていた入管、法務局に通い、生まれてくる子どもを無国籍にしない方法を探った。しかし、その方法が見つかるはずもなかった。

結婚するものだとばかり思っていたダンス仲間も佳奈さんを気遣ってくれたが、彼女の本当の事情を知る者は少ない。説明する気持ちにもなれなかった。

「元カレにもわかってもらえなかったし、誰も理解してくれないだろうと思い込んでいました」

入管、法務局に足しげく通う佳奈さんに、「何を悩んでいるの、話してごらんよ」と語りかけてきた男性がいた。ダンス仲間を通じて知り合った男性だ。

「話したくないから、適当なことを言ってその場をやり過ごしていました」

時が経てばたつほど、佳奈さんの置かれている状況は切迫した。そのたびに男性は声をかけてくれた。

「事実を話して、手痛い目に遭っているから、もう何も話したくなくなかった。適当な話ばかりしていたから、次第につじつまが合わなくなってくる」

男性が言った。

「隠していないで本当のことを教えてほしい」

仕方なくこれまでの経緯を男性に説明した。男性は不動産業を経営していた。仕事の関係で司法書士、弁護士との付き合いもあった。男性はそうした司法書士、弁護士に、加奈さんや生まれてくる子どもの国籍取得のために、何をすればいいのか相談を持ちかけた。

「私が抱えていた無国籍問題のスペシャリストの方はいなかった」

それでも加奈さんは、男性に促されるようにしてインターネットで、「無国籍 フィリピン 相談」のキーワードで検索してみた。紆余曲折があってようやく、とつか法律事務所に辿り着いた。

佳奈さんの国籍取得手続きを担当したのは小豆澤（あずきざわ）史絵弁護士だった。

「出生後の認知によって国籍が取得できるのは二十歳までと決まっています。それで家庭裁判所に就籍許可の審判の申し立てをしました」

日本人でありながら、何らかの理由で戸籍に記載されていない人が戸籍をつくるためには、家庭裁判所に申し立て、戸籍を認めてもらうための審判を受けなければならない。

「国籍法二条三号は、『日本で生まれた場合において、父母がともに知れない』ときは日本人となると定めています。佳奈さんの場合は、父母が結婚していなかったので法律上父はなく、母も氏名や国籍を特定できるだけの書類がないので『母が知れない』と言えるため、国籍法二条三号により就籍ができました。本当の両親の記憶があるのに、父母ともにしれないというのは違和感があると思いますが、法律上は父母はいないという判断となるのです。

佳奈さんのケースは、日本での出生を証明する公的な種類はありませんでしたが、偽造旅券で入国した母親が、子どもにも偽造旅券を作って、日本に不法入国するというのはあまりにも不自然です。家裁もそれを認識し、父親の方の親戚が、佳奈さんは確かに日本で生まれたと証言してくれました。それで彼女とお嬢さんの日本国籍が取得できました」

とつか法律事務所への無国籍の相談件数は年に数件。成人した無国籍の相談者は、一九八〇年代に入国した親から出生したケースがほとんどだ。

一方、無国籍の子どもが施設に預けられるケースも起きている。親は、ベトナム、ミャンマー、ネパールからの実習生、留学生だ。

「日本は生まれた子どもに自動的に日本国籍が与えられる出生地主義ではなく、日本の国籍法は血統主義で、二条三号の例外を除き、日本人から生まれた子どもでなければ、日本国籍は取得できません。自分の国の国籍を取らせようと思っても、中には『母親が未婚で生んだ子に国籍を与えない』という差別的な国もあり、そうした国から来日している女性が未婚で出産すると、父親が日本人でない限り、自動的に無国籍になってしまいます」

無国籍に陥ってしまった子どもたちの国籍取得の手続きを支援しているのが日本国際社会事業団（ISSJ）だ。前身は、戦後米兵と日本人女性との間に生まれた混血児の救済するための組織で、現在は「人々が国境を越えることで生じるさまざまな問題の相談に応じる民間団体」として活動している。

その一環として無国籍児問題にも取り組んでいる。二〇一〇年以降、こうした相談は二百件近くあり、二〇二〇年は十三件だった。

ＩＳＳＪの石川美絵子常務理事はこう語る。

「フィリピンなど東南アジアの女性がエンターテイナーの資格で来日した八〇年代頃からこうした無国籍児（在日外国公館への登録手続きがされていない無国籍状態の児童）の相談が持ち込まれるようになりました」

当時は、同胞に預けることが多かったので、子どもを預けられて困ったフィリピン人からの相談が多かった。

一九九〇年から二〇〇〇年代のフィリピン国籍の母親は、オーバーステイでも借金返済や本国への送金のために、仕事を続けたがることが多かった。そのためフィリピン大使館でのＲＯＢ（出生届）手続きには母親に協力をしてもらう一方、入管に対しては行方不明ということにして、親族や友人にエスコートしてもらって子どもを帰国（送還）させることが多かった。

しかし、こうした例はまだ恵まれている方だ。父親が日本人であっても認知もされず、母親が在外公館に出生届を提出しなければ無国籍状態になってしまう。

一九九〇年の入管法改正によって中南米の日系人、さらには技能実習生、留学生が多数来日している。

「無国籍児の親の国籍も様々です。海外で生まれた婚外子に国籍を与えない国まであり、今後、無国籍児の問題はさらに複雑化していくような気がします」

日本はすでに多くの外国人を労働力として受け入れている。しかし、日本政府は移民とは決して認めようとはしない。移民の定義については、「国連事務総長報告書（一九九七年）」に記載されている「通常の居住地以外の国に移動し、少なくとも十二カ月間当該国に居住する人のこと（長期の移民）」が国際的なスタンダードだ。

外国人労働者が恋愛をして結婚、そして子どもを生み定住化する。こうした当たり前のことを想定しないで、単なる労働力を解消するために外国人を導入し、今もその政策は変わっていない。世界人権宣言第十五条には「すべての人は、国籍を持つ権利を有する」と記載されている。無国籍者、無国籍児は外国人受け入れ政策の不備が生み出している負の遺産ではないか。私にはそう思えてならない。

十年目の伊木ロドリゴ先生

伊木先生とサッカー部の生徒たち

豊橋市立東陽中学交の校庭に大きな声が響く。

「パスを通して」「もっと動いてパスをもらうように」「プレッシャーをかけて」

サッカー部が二チームに分かれて、試合が行われている。指示を出しているのは、サッカー部の顧問であり、英語教師の伊木ロドリゴ先生だ。国籍はブラジル、生まれたのはサンパウロ市。六歳から三年間をパラナ州コロンボで過ごした。

伊木先生が父親のフレイタスと弟アンドレと三人で来日したのは一九九六年六月。日系二世の母親エミリア・アケミはその一年前に来日していた。

一九九〇年入管理が改正され、ブラジル、ペルー、パラグアイなどの中南米の日系人が大量に就業目的で来日するようになった。ブラジルには戦前、約十九万人が、そして戦後は高度成長が始まる直前まで、約七万人が移り住んでいった。ブラジルには世界最大の日系社会が築かれ、その数は二百万人と言われている。

そうした移民の二世や三世が就労目的で来日し、日本で暮らすようになった。二〇〇八年には、三十六万人にのぼった。彼らが日本の製造業を支えてきた。

伊木ロドリゴ

ブラジルでは「デカセギ」という言葉が辞書に記載されるほど一般化した。伊木一家もそうしたデカセギの一家族だ。

ブラジル人が多く暮らしているのは、静岡県浜松市、愛知県豊橋市、同豊田市、群馬県大泉町、同太田市、三重県鈴鹿市で、大手自動車メーカーの工場、下請け企業が集中している都市だ。

愛知県豊田市には、ここに本社を置くトヨタ自動車、そしてその関連会社が数多く存在する。そこで働く日系人も多い。ロドリゴの両親もそうした工場で働いた。豊田市に隣接する豊川市の２ＤＫのアパート、ここからロドリゴの日本での生活の第一歩が始まった。

伊木ロドリゴは、地元の小学校に九月から通うことになった。四年生のクラスに編入されたが、クラスにはブラジル人生徒は誰もいなかった。

「その頃の私はまったく日本語が話せませんでした」

伊木先生は当時を振り返る。

それから十四年後、伊木先生が初めて教壇に立ったのは二〇一〇年四月のことだった。その年に愛知県立大学外国語学部英米学科を卒業した。最初の赴任校は日系ブラジル人の子弟が多い豊田市立保見中学だった。そこで八年間勤務し、その後東陽中学校に異動になった。赴任当時、全校生徒五百十四人のうち九十四人がブラジル国籍、フィリピン国籍の生徒だった。

伊木先生が教壇に立ち、サッカー部の顧問を務めるのには理由がある。

来日直後、日本語がまったく理解できないロドリゴとアンドレを待っていたのはいじめだった。二人とも箸が使えずに、フォークとナイフを持って登校した。

「それだけでからかわれました」

机に「バカ」と何度も書かれた。椅子に画鋲を置かれたこともあった。

五年生になると、市の指定校に来日した日系人生徒が集められ、週二回だが日本語教室が開かれた。ロドリゴとアンドレは、そこで学んだ日本語を二人で復習した。互いに例文を作り、会話をしながら少しずつだったが、日本語を学んでいった。

勇気を振り絞ってクラスメートにブラジル流に軽く肩を叩いて話しかけてみた。

「ヤァ、おはよう」

その生徒はこれ見よがしに触れられた肩を手で払い、何も言わずに離れていった。

「それがいじめだとわかりました。でも、目に見えるいじめよりも、本当につらかったのは、一生懸命に覚えた日本語で話しかけても無視され、誰かに助けを求めたいけれど、どうすることもできない。そんな孤独感というかやるせない気持ちになるのが苦しかった」

遊び相手も勉強するのも弟のアンドレと二人だけだった。

ロドリゴが六年生になると、一家は狭いアパートから３ＤＫのアパートに引っ越し、転校した。

中学校に進学したロドリゴは、サッカー部に所属した。

サッカーは元々得意だった。プレーをしている時は、日本語ができなくても、チームメートと楽しく過ごすことができた。サッカーを通じて日本人の友人もできた。

日本に来て間もないロドリゴにとって、漢字は苦手以外の何ものでもなかった。サッカーで仲良くなった友人が、自宅に呼ばれブラジルの食事をごちそうになっている。ロドリゴの机の上に小学校一年生のドリルがあったのを見ていた。ロドリゴは小学生のテキストから勉強し直していたのだ。

「読み書きができないから国語、日本史などは苦手でした」

しかし、英語は得意科目になった。日本人の生徒も英語を学ぶのは中学校に入ってからだ。スタート地点は同じだ。以前学んだ英語を思い出しながら母親が家庭教師を務めてくれた。

伊木家では、家族同士の会話はポルトガル語だけを話すようにしていた。

「母親は私たちより先に来日していました。友人の子どもの中にはポルトガルを忘れてしまったり、ポルトガル語を話せても、日本人的な発音になったりしているのを目の当たりにしていました」

ロドリゴのように幼かった頃来日したブラジル人の中には、中学時代から不登校になり、家で一日中ゲームをしたり、高校に進学しても中退したり、中には暴走族に加わったりするものも現れた。そうした子どもの多くは、ポルトガル語が話せなくなり、日本語もおぼつかなかった。両親はいちはやくそうした状況を感じ取っていたのだろう。

ロドリゴはサッカーを通じて知り合った仲間とともに高校進学を目指した。県立高校に合格した。入学と同時にサッカー部に所属した。サッカー部ではすぐにレギュラーの座を獲得した。勉強とスポーツに没頭した。

高校一年が終わろうとしていた。ロドリゴの体に異変が起きた。体育の時間に相手の手が鼻にぶつかっただけで鼻血を出し、二時間も止まらなかった。体中に内出血の痕があちこちにできていた。

近所の病院では原因がわからずに総合病院で診察を受けた。白血病と診断された。

こうしてロドリゴの闘病生活が始まった。入院したのは豊橋市内の病院で、自宅からは一時間以上かかってしまう。母親は車の運転免許はなく、仕事が終わると自転車に乗り、バス、電車を乗り継いで毎日見舞いにきてくれた。父親も弟もほぼ毎日病院に来て激励してくれた。

「面会時間が終わり、帰った瞬間に寂しくなり、泣いていました。どうして人間は生きているんだろうとか、もしこのまま僕が死んでしまえば家族は悲しむだろうし、大変だなとか、そんなことを考えていました」

抗がん剤治療で白血病に立ち向かうしかなかった。

投与と同時に激しい嘔吐感に襲われる。食事が運ばれてくるワゴン車の音だけで激しく嘔吐した。それでも母親は、ロドリゴが食べたいというブラジルの食べ物を運んできてくれた。

二年生の四月からはサッカー部の部長をロドリゴが務めることになっていた。部員たちがサッカーボールに寄せ書きをして届けてくれた。

「はやく元気になってまたサッカーやろう」

「元気だせ。待っているぞ。お前なら治るよ」

サッカーボールにはメッセージがびっしりと書き込まれていた。

「家族の支えと、そして仲間の激励がなかったら、僕の心は折れていたと思う」

闘病生活は七カ月にも及んだ。二年生は休学したが、再び健康を取り戻し、同じ県立高校にあった英語科への転科試験を受けて、四月からは英語科二年生として復帰した。

サッカーを通じて知り合った多くの友人がロドリゴを支えてくれた。母親が会話の相手をしてくれた英語は生きる自信につながった。

サッカーと同時に受験勉強にも力を注いだ。その結果念願の大学に進んだロドリゴは、日系人のための日本語教室を開いた。友人との会話で、日本語にも自信があった。日本語教室では職を失って困り果てている日系人に、会社面接での対応の仕方など実践的な日本語を教えた。

「言葉はコミュニケーションの基本。家でポルトガル語を話していたので、私たちより後にやってきたブラジル人の生徒と日本人の間に通訳として入ってやることもできた。日本語は学校で学び、たくさんの友人との話をしながら身につけていった。英語が話せれば、世界中の人と心を通わせることも可能になる」

いつの頃からか英語教師を目指すようになった。


そして、その夢がかなった。

「最初の頃は不安でした」

新人教師であれば、最初の授業は誰しもが緊張するだろう。伊木先生は、もう一つ不安になる理由をかかえていた。

「外国人の教師を生徒はどう思うのだろうか。保護者が私を受け入れてくれるのだろうか」

伊木先生の容貌はいわゆるハーフだ。

新人教師がミスをすれば、新人だからと許されるケースもあるだろう。例えば学級崩壊を引き起こしてしまったとする。

「新人だからではなく、外国人だからと言われるのではないか。私の心の中ではそれがずっとプレッシャーになっていました」

初めて教壇に立った。生徒たちの間にも戸惑いがあったのか、一瞬、静かな間があった。伊木先生も緊張した面持ちで、ブラジル生まれで、小学校四年生の時に来日したと自分のプロフィールを生徒たちに紹介した。

生徒たちから驚きとも、困惑ともつかないどよめきが沸き起こった。

「日本語上手ですね」

「伊木先生はＡＬＴ（Assistant Language Teacher ＝外国語指導助手）ですか」

生徒の中にはブラジル国籍の者もいた。

「外国人でも先生になれるんですか……」

しかし、伊木先生が恐れていた「外国人だから」という拒絶感は生徒からは起きなかった。

入管法が改正になり二十年が経過していた。愛知県には多くの日系人が中南米から移り住んでいた。

「私たちがやってきた頃とは、明らかに日本人の対応も大きく変わったと思います」

生徒たち同士も、漫画とかアニメなどで共通の話題があり、子どもの頃から日系人と一緒に過ごしてきている。

「私が経験したようないじめは、今はほとんどありません」

「就学に必要な日本語指導、生活指導」が日系人子弟に対しても行われ、以前よりは日本社会へ適応を促す教育的措置を行政が推進している。

日本人とブラジル人とが対立するようなことはほとんどない。

「あっても小さなグループ同士で、ブラジル人が俺たちの悪口をポルトガル語で言っていたとか笑ったとか、その逆のケースもあってトラブルになることはあります」

伊木先生は双方の言い分に耳を傾ける。

「結局、誤解であったりする場合がほとんどです。本当のいじめがあれば、自分のつらい体験を話して、いじめはいけないんだということをとことん納得するまで話し合います。理解していなければ、教師のいないところでいじめるということにもつながりかねないから。いじめられる側のつらい気持ちを理解すれば、いじめは止まると思います」

今はそうしたいじめよりも、在日日系社会には子弟の進路問題が大きく立ちはだかっている。

外国籍の生徒の進路問題などは必然的に伊木先生に回ってくる。保護者の多くは日本語を十分に話せない。伊木先生はブラジル人保護者にはポルトガル語、ペルー人にはスペイン語、フィリピン人には英語で話をする。

そんな伊木先生について梅原康史校長（当時）はこう語っていた。

「豊橋市は『平和・共生・交流の都市宣言』を出していますが、東陽中学は国際色豊かで、外国籍生徒が多く在籍しています。伊木先生が生徒に与える安心感、保護者からの信頼感は大きいし、外国籍生徒の悩みや、保護者からの相談にも、素早く柔軟に対応することができます」

梅原校長によれば外国籍生徒の八割が高校に進む。

「高校進学には親の考え方が大きく影響してきます」と伊木先生は語る。

親の都合によって生徒たちは来日している。いずれブラジルに帰ると考えて、日本での教育にそれほど熱心ではない親もいる。また日本に永住することを決意しているものもいる。

「私は日本に住もうと、ブラジルに帰国しようと、日本に住んでいるということは大きなチャンスだと思っています。ポルトガル語を喪失しなければ、日本語、英語と三カ国語を話せるようになる。それは日本にいてもブラジルに戻っても、生きていく上で大きな力となると思います」

外国籍生徒の中には、中学校になじめず、不登校になる子もいる。伊木先生はこうした生徒の家を訪ねる。

「どうして学校に出てこんの」

両親は働いていて不在だ。眠そうな顔をして生徒が出てくる。

「体調が悪いから……」

しかし、熱もないし、咳き込んでいるわけでもない。

「本当の理由は大体わかります。生徒同士の人間関係がうまくいっていない、あるいは授業についていけないから学校に行きたくない、生徒の顔をみればわかります。私もそうだったから」

伊木先生はそうした生徒に自分の体験を語って聞かせる。

「日本の学校に入った頃、話せたのはトイレはどこですかくらいだった。俺だって中学に入った頃はまだ漢字は書けなかったよ」

不登校の生徒が驚きの視線を伊木先生に向ける。

小学生の漢字のドリルを勉強し、弟と二人で会話の勉強したことを説明した。いじめられたこともあったが、白血病にかかった時に支えてくれたのも日本人だったことも。今は困難だと思っていても、いつかきっと日本人の友だちができることも伝えた。そうしながら伊木先生は、不登校の生徒を学校に通わせるようにしてきた。

「これまでたくさんの外国籍の生徒と接してきましたが、一つ言えることは、ブラジル人だけで固まっている生徒よりも、日本人とも付き合っている生徒の方が成績も伸びていきます」

頑張って勉強し、自分の将来を考え、夢を描く生徒も出てくる。高校に進学したい、大学で学びたい。そう考える生徒が着実に増えてきている。しかし、ニューカマーの家庭ならではの問題も生じてくる。

「自分の夢を両親に説明しても、日本語で説明すれば親はなかなか理解してくれない。ポルトガル語で説明しようとすれば、表現が未熟で、自分の思いを十分に説明することができない。こうした家庭は少なくないと思います」

生徒の親の中には日本の教育事情についてまったく知らない者もいる。

「ブラジル人でも大学に行けるのでしょうか」

日本人の親からは絶対に出てこない質問だ。

ブラジルならではの慣習で進学をさせようとする親もいる。

「今は経済的に進学させる余裕はない。勉強したいのなら自分でお金をため、高校でも大学にでも進めばいい」

ブラジルではごく当たり前の考え方であり、二十代で高校、三十代で大学に通う者も珍しくない。しかし、日本でそれを押し通すにはやはり無理がある。そうした事情を理解しない親もいるのだ。

中学を卒業し、親と同じ職場に就職する。親と同じ収入を得ることができる。しかし、リーマン・ショックのような経済危機が訪れれば、最初に職を失うのはやはり不安定な外国人労働者だ。また、三十代の新卒を受け入れるほど日本の社会は寛容ではない。ブラジル流の進学には大きな困難がともなう。

デカセギ日系人が来日した当初、目標の資金を稼いだらブラジルに戻るのだろうと、ほとんどの自治体、そして雇用した企業も考えていた。しかし、その予想とは裏腹に、現実には半数以上の日系人が日本に定住する傾向を見せている。

伊木先生のように、子どもの頃来日した「デカセギ準二世」、日本で生まれてブラジルを知らない「デカセギ二世」も誕生している。

「ポルトガル語が話せずに、恥ずかしいとブラジルに行くのをためらう生徒も少なくありません」

問題はそれだけにとどまらない。二カ国語を話せるバイリンガルに対して、日本語もポルトガル語も十分に話すことのできないダブルリミッテドの子どもたちも、一部では生まれている。

「子どもたちは日本で生きている。頑張れば、自分の思いを実現することもできるし、夢をかなえることもできる。豊かな人生設計も可能になる。生徒たちにはそんな生き方をしてほしいと思っています」

来日してしばらくすると、父親からロドリゴは言われた。

「どこで暮らそうとも楽しい人生はある。でもブラジルの文化を失ってはいけない。自分が何者なのかわからなくなってしまうから」

共生というのは、ブラジルの文化を喪失し、その代償として日本語を獲得し、日本社会になじむことではない。二つの文化を一人の人間の中で取り込み、それを豊かに調和させることであり、そうした人間の存在を尊重する社会のことではないだろうか。

若き日系弁護士

二〇一六年九月、その年の司法試験合格者が発表された。その中に日系ブラジル人初の合格者、照屋レナン・エイジの名前があった。

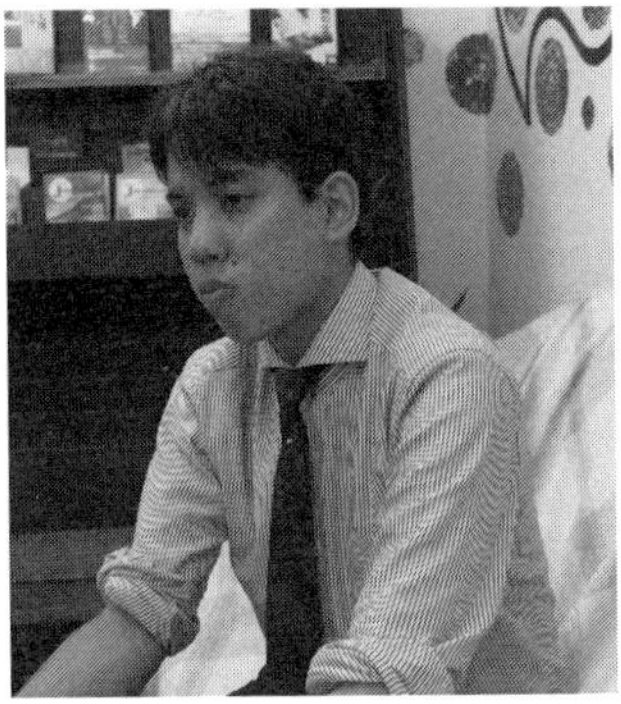

照屋レナン・エイジ

「カタカナの名前から、外国人は自分含め三人いました」と、照屋が語る。

日系二世の母親に連れられて来日したのは二〇〇〇年六月、照屋はまだ八歳だった。

「母は二十歳で僕を産みましたが、勢いで産んだのでしょう」と母子家庭で育ったことを明かす。ブラジル特有の明るさなのか、暗い影をまったく感じさせない。

来日直後、母親は埼玉県川越市の工場で働いた。当時、来日していたブラジル人は約十八万一千人。しかし、埼玉県で暮らすブラジル人は少なく、照屋は三年生のクラスに編入されたが、その小学校にブラジル人児童はいなかった。

サンパウロでは三世帯八人で暮らしていた。一九五八年に沖縄から移住した祖父と話をする時だけは日本語だったが、それ以外はポルトガル語だった。

「クラスメートの前で挨拶させられ、緊張と不安から泣いてしまったことを覚えています」

日本語会話はそれほど苦労することなく早い段階で習得していた。

「ドッジボールなどのスポーツを通じて、日本人の生徒と仲良くなれました」

苦労したのは国語だった。漢字、ひらがな、カタカナには困り果てた。「休」と「体」、「ナ」と「メ」、「あ」と「お」の区別がなかなか理解できなかった。

転入した当時はいじめに遭うこともなかったが、五年生になると状況が変わった。体育着に書かれたカタカナの名前「エイジ」や国籍を理由にからかってくる児童もいた。

「そういう子とは喧嘩もしました。椅子を振り回したりした覚えがあります。先生は私の言い分を聞いてくれず、いつも喧嘩両成敗で不満を感じていました」

母親は仕事で、下校した後、家では一人になる。しかし、親友と呼べる友人もいた。

「ほとんど毎日のように遊んでいた友人もいて、寂しさはあまり感じたことがなかった。小学校は楽しかった思い出の方が多い」

その後、中学二年生の時、愛知県新城市へ、中学三年に刈谷市へ母親の仕事の都合で引っ越した。愛知県で働く日系ブラジル人は多い。

「在学中に日系人との接触はありませんでした。地域にはいたと思いますが、外国人子弟の集まる場所や自治体の取り組みなども知りませんでした」

日本人の生徒と一緒に勉強した。自分はブラジル人と意識する機会はほとんどない。しかし中学では、「ブラジルに帰れ」という言葉を浴びせかけられたこともあった。自分はこの国では外国人であることを、いやでも意識せざるを得なかった。

漠然とだが自分の将来について考え始めるようになった。

「多くのデカセギのように自分も工場労働者として働くようになるのかなあ……。でも体はそれほど強くないし」

なにかヒントになるかと思い『13歳のハローワーク』を読んでみた。

「外国人向けの記述がまったくなく参考にはなりませんでした。家にインターネットもなく、相談できる人もいない。自分の将来像を考えてみるけど、具体的に描くのは困難でした」

そんな照屋に一筋の光を投げかけたのは、大平光代の『だから、あなたも生きぬいて』だった。いじめ、自殺未遂、非行、そして「極道の妻」と過酷な体験を経た著者が、弁護士になるまでが描かれている。

「とにかく衝撃的だった。すごいと思った」

この時に照屋は弁護士になる方法と司法試験の存在を知った。弁護士という職業については、テレビドラマのヒーローとして活躍するのを見るくらいだった。その後、漠然としたものだったが、照屋の将来の目標になった。

高校は豊田市にある私立杜若高校文理コースへ、推薦入学で進学した。

「母の月収は二十万円弱だったと思う。私立だが一部学費免除してもらえたおかげで通えた」

高校一年の頃から進路希望は弁護士だった。文理コースは難関大学志望者向けの進学クラス。朝八時から夕方五時までの授業。自由な校風でいじめもなかった。照屋はこの高校で尊敬できる教師と出会う。数学の石坂元志先生については、「勉強を楽しいと感じさせてくれた。先生のおかげで数学は一番好きな科目になりました」と語る。

英語の中神貞子先生は、「大学受験で英数は重要な得点源。弁護士になることも応援し、関係書籍を個人的に貸してくれた」教師でもある。

充実した高校生活を送る照屋だったが、学業続行が不可能になるかもしれない危機に直面する。リーマン・ショックが起きたのだ。外国人労働者の雇い止めが頻発した。

多くの日系人が職を失い、生活に困窮した。日本政府が費用を立て替え、そうしたブラジル人に帰国を促す事態に発展した。

いくら一部学費が免除されているとはいえ、母親が失職すれば高校に通うことは困難になる。

「そうなったらどうするか、考えざるをえませんでした。もし母が解雇されたら新聞配達をして、進学しようと決めていました。ブラジルに戻る気はまったくありませんでした」

それは母親も同じだった。

石坂先生にも相談し、高校生としてできる最大の努力をして、最悪の場合に備えることにした。しかし、母親は幸運にも解雇を免れ、照屋は学業を継続することができた。

「良い先生にめぐり会え、母も仕事がつづけられた。自分はとても幸運に恵まれていると思う」

と当時を振り返る。

こうして照屋は受験勉強に集中することができた。

「模試の成績も安定していたから、不安は特にありませんでした」

志望校は最初から名古屋大学法学部。それ以外は眼中にはなかった。

名古屋大学法学部に難なく合格した。

それまでほとんど日系人と接する機会のなかった照屋が、日本で暮らす日系人に関心を抱き、積極的に触れ合うようになったのは、大学に入ってからのことだった。

「在日外国人の子どもたちとのふれあいボランティアに参加しました」

そこには日系ブラジル人もいた。彼らと自分の夢について語り合う時間があった。しかし、自分の夢について何も語ることもできず、将来像をまったく描くことのできない子どもがたくさんいた。デカセギで来日した親に連れてこられたという境遇は同じだが、照屋とはまったく異なる道程を歩んでいる子どもたちの存在に気づいた。

「そうした子どもたちが日々接するのは団地と学校だけ。そんな狭い世界だけしか知らなければ、当然といえば当然」

それまで照屋の視界には入ってこなかった日系人児童の厳しい現実が、大きな壁として立ち塞がった。

高校生の時、カルデロン一家のニュースを見た。他人名義のパスポートで入国していたフィリピンの男女が日本で結婚し、長女が生まれた。母親が職務質問を受け、逮捕されたことを契機に、一家の強制退去手続きが取られた。

長女は日本生まれで、日本語しかわからず、日本人と同じ学校に通っていた。家族全員に強制退去命令が出されたが、最終的には長女だけに特別在留許可が与えられ、両親は「自主的」に日本を出国した。

「私自身がひどい差別を受けたという経験はなかった。でも高校時代にカルデロン一家問題が起きて、気の毒だなと思って見ていました」

カルデロン一家が暮らしていた埼玉県蕨市の市議会は、一家三人全員の在留特別許可を求める意見書を全会一致で可決している。東京弁護士会も会長声明を発表し、親子を引き離す措置は子どもの権利条約違反だとした。

その一方で、強制退去命令を支持する一部の日本人もいた。

照屋にはカルデロン一家の長女と自分が重なり合って見えた。長女も両親も外国籍。長女は日本名とフィリピン名の二つを持っていた。

「日本で育ち、将来も日本で生活することを望んでいるのに、国籍という自分ではどうにもならないことでその望みが絶たれようとしていた。当時は入管法の規定など難しいことはよくわからなかったけど、大変な立場に立たされて、長女が泣いている姿はとても衝撃的だった」

ボランティア活動をつづけながら、なぜ自分は弁護士を目指しているのか。改めて自分に問いかけてみた。

外国人としての将来に不安を覚え、弁護士なら安定した収入を得ることができるだろう。

親孝行もできるだろう。

社会的にも信頼される職業であり、周囲からも尊敬される。

これらは弁護士になりたいと思う動機であっても、弁護士になる目的ではない。

「外国人の人権問題に強く関心を持つようになったのは、憲法の授業で個人の権利を学んでからです」

それ以前は人権問題を考える機会がなかった。カルデロン一家問題の時もかわいそうとは思ったが、それが人権侵害として問題があるとまでは考えていなかった。

一家の両親は「自主退去」の道を選んだが、実質的には強制退去であり、親とまだ幼い子どもが、日本で暮らすことを望んでいるにもかかわらず、二つの国に分かれて別々に暮らさなければならなかった。

人権という視点で、カルデロン一家の問題をもう一度見直してみた。

「一家への日本の対応は、ともすれば私たち日系ブラジル人にも向けられるものかもしれないと思った」

リーマン・ショック直後、仕事を失い、ブラジル人のホームレスが現れ、帰国費用欲しさに強盗まで犯した日系人もいた。

登校拒否、あるいは非行に走る同世代の若い日系人もいた。

「大学生になるまで、自分の周囲にはそうした日系人はいなかった。母からそういう子がいるという話を聞いたくらいでした」

と照屋は言うが、実際には非行に走り、神奈川県横須賀市にある久里浜少年院に多くの日系人が収容されていた時期もあったのだ。

親あるいは子どもが強制送還された時、家族はカルデロン一家と同じ運命をたどらなければならないのだろうか。

「そういう境遇へ落ち込まないように環境を整えることが大切ですが、そうした事態になり困っているような人がいれば、心底助けてあげたいと思った」

そのために法律を学び、司法試験を目指しているのだと、以前とは異なり明確な理由を見いだすことができた。

――日本人は自己責任という考え方がとても好きなように思える。だけど、個人でできることは限られている。私は小学校低学年で来日したから、けっこう早く日本の生活に慣れた。

もし来日が中学生の時だったらどうだろうか。日本に慣れるのにはもっと苦労したと思う。リーマン・ショックで、もし母が解雇されていたら、果たして高校に通いつづけることができたのだろうか。石坂先生や中神先生に出会えていなかったら、大学の受験勉強はもっと大変だっただろう。個人の努力はもちろん大切だけど、その人を取り囲む環境から受ける影響も大きいと思う。

弱い人にこそ法律の庇護が必要ではないのか――。

そう考えると、照屋には自分の果たすべき役割が鮮明に見えてきた。照屋の周囲には、法律の保護を受けられず、不必要になったモノを廃棄するかのように解雇される日系人が決して少なくなかった。

照屋は名古屋大学卒業後、同大学法科大学院に進み、二年間を経て司法試験合格したのだ。

「高校時代の恩師二人には直ぐに連絡しました。六年ぶりの連絡でした。とても喜んでくれて、うれしかったです」

その電話について石坂先生が語る。

「本当に喜びにあふれた声で、エイジ君は司法試験の合格を報告してくれました」

石坂先生は一、三年生の担任教師でもある。石坂先生から学ぶものは多かった。卒業記念の文集にも、

「(高校で)学ぶ楽しさを知った」とも照屋は記してしている。

「彼は刈谷市からかなり時間をかけて通学してきていました。お母さんが夜勤の時は弁当を作ってもらえず登校していました。時には弁当を買うにもそのお金がなく、事情を知ったクラスメートが弁当を分けていたという話も聞いています」

リーマン・ショック当時、照屋一家が体験したような窮地に、日本各地の日系人が立たされていたといってもいい。

リーマン・ショックはデカセギにやってきた日系人の生活を根底から揺るがした。

「自分の努力だけで弁護士になれたとは口が裂けてもいえない。支えてくれる人がたくさんいた」

日系人の置かれている現実を考えれば、「努力すれば夢はかなう」とは決して言えない。

「だから私は、在日外国人の子どもたちのために楽しく勉強ができたり、夢がかなえられたりするような環境を整えてあげたいと思う。自己責任論を声高に主張する大人たちには、多くの外国籍の子どもたちが進んで努力して、夢に向かって生きられるような環境を作ろうと呼びかけたい」

その一翼を担うために、司法試験合格後、サンパウロの法律事務所で、ブラジルの裁判事情や日系社会の現状、そしてさらにポルトガル語の理解力をつけるために研修を積んだ。

「ブラジルの裁判所にも見学に行ったが、専門用語と言葉の速さ、日本とは違ってそれぞれ好き勝手に話す進行方式が相まって、理解が難しい」

課題は山積している。

日系ブラジル人の依頼人は、当然日本の裁判事情などまったく理解していない。そうした依頼人のためにも、ブラジルの裁判のやり方を理解したうえで、日本の裁判の方式を説明しなければならない。

それだけでは不十分だ。

外国籍の被告人を裁く法廷で、司法通訳者が圧倒的に不足しているのだ。事実をあいまいにしたまま判決が下される可能性は否定できない。さらに司法書士、行政書士、社会保険労務士といった法律に関連する分野で、外国人に対応できる者も極めて少ない。

入管法が改正され、すでに三十二年が流れている。しかし、社会的な基盤はほとんど手付かずの状態だ。

それにもかかわらず二〇一八年、政府はさらなる外国人労働力の受け入れに大きく舵を切った。法務省は日系三世までに限って就労可能な定住査証を発給していた。それを条件付きだが、日系四世にまで拡大した。

さらに「経済財政運営と基本方針2018」、いわゆる「骨太方針」を閣議決定。一定の技能水準と日本語能力を身につけた外国人を対象に、最長で十年間の在留を認める内容だ。これにより外国人技能実習制度も拡大される。

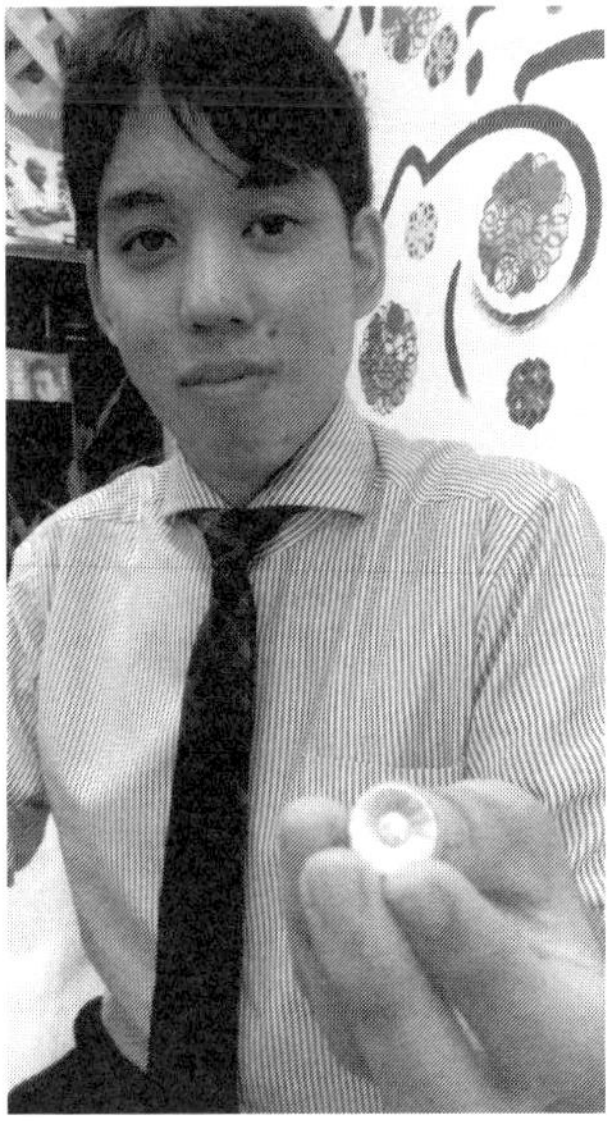

弁護士バッジを示す照屋

この制度を利用して入国する実習生が働くのは、いわゆる3K（きつい、汚い、危険）の現場だ。そのうえ、低賃金で内外から厳しい批判にさらされている。

厚労省によると国内で働く外国人労働者は約百七十三万人（二〇二一年十月）で、このうち約三十三万人が技能実習生（二〇二二年六月）。政府は日系四世、そしてさらに導入される技能実習生で、労働力不足の解消を図ろうとしている。

「外国人技能実習生の受け入れには様々な問題がある。弁護士同士の勉強会でその実態を知りました。そうした問題にもこれからは積極的に関わっていきたいと思います。私は日本が好きです。劣悪な条件で働かされた技能実習生が帰国した後、その母国で日本の悪い風評が流れる。それを聞いた人たちの間に、日本と日本人に対して憎悪が生まれる。そのような事態は絶対に避けたいと思います」

政府は移民ではないとしきりに説明しているが、中南米からデカセギに来日した日系人の半数は定住する傾向を見せている。

技能実習生の中にも結婚し、日本に定住する者も必ず出てくる。子どもも当然誕生する。

「高校生、大学生当時の私は、弁護士の道に進むつもりでしたから、外国人であることが理由でその道を閉ざされるのであれば、やはり外国籍という事実は触れられたくない『弱点』だと思ってしまう。自分ではどうしようもない国籍という『弱点』で、進路が断たれる不安は大きかったです。子どものときには外国籍がプラスに働くことなど、想像もできませんでした」

しかし、今は違う。日本に住む日系人に寄り添いながら弁護士として活躍することができる。

今後、日本にやってくる技能実習生。彼らが置かれている状況も理解できる。そのことが今後の弁護士活動の大きな力となるはずだ。

「共生というのは、外国籍を持つこと、あるいは自分のルーツが外国にあることがマイナスに作用するのではなくて、プラスに働く社会、日本人と違っていることがプラスになるような社会のことではないでしょうか」

照屋は最後の言葉をそう結んだ。

ＣＯＬＯＲＳの挑戦

ハワイ、北米のカナダ、アメリカ、中米のメキシコ、そして南米のブラジル、ペルー、パラグアイには日系人社会が築かれている。その中でも四十七都道府県すべての県人会が揃っているのは、ブラジルの日系社会だけだ。

静岡県からブラジルに渡った移民は、戦前戦後を通じて約五千人。決して多い方ではないが、静岡県と日系社会の交流は今でも盛んだ。

二〇一七年八月にはブラジル静岡県人会創立六十周年を迎え、川勝平太知事がサンパウロを訪れている。川勝知事がサンパウロで発行されている邦字紙ニッケイ新聞のインタビューに、「今年一番感動したエピソード」として答えている。その内容が樹海というコラムで紹介された。

知事が二〇一六年三月、静岡文化芸術大学の卒業式に出席した際のことだ。「卒業生総代として挨拶したのは日系ブラジル人の女の子だった」と驚いた表情を見せ、彼女のことを熱く語り始めた。

「十倍の競争率を乗り越えて入学して、一番で卒業ですよ。羽織袴姿で大学への謝辞を述べる途中、『少しだけ母国語で話すことをお許しください』といって、何かペラペラと言って、はらはらと涙を流し、すぐに持ち直して日本語で挨拶を締めた」と臨場感たっぷりに説明した。

そう説明する知事の目には、涙がにじんでいた。「あとで『彼女はあの時に何といったか』と関係者にたずねたら、『彼女は十歳の時、デカセギにきた親に連れられてきて、日本語も文化もわからない状態でした。ただひたすら努力してここまできました。それを後ろから支えてくれたお母さんに、感謝の気持ちを自分の言葉で伝えたかったようです』とのことでした」。

会場の保護者席にいた母親は、厳粛な場で自分だけに向けられた突然のポルトガル語に、きっと驚き、涙したことだろう。（略）

「彼女のように大学を卒業できる日系子弟はほんの一握り。半分以上は高校すら卒業できないと聞いています。それに対して何か対策は？」と聞いた。

すると「まずは先生の側も国際化が不可欠。教師に対して青年海外協力隊に応募しなさいと薦めてきた。外国で自分が苦労すれば、教室内の外国人児童・生徒への理解が深まる。あと生徒にも高校生になったらパスポートを持ちなさいと薦めている」とも。知事は「静岡に来れば誰も差別されず、夢がかなえられる。それを大方針にしている」と締めくくった。

良い話だが、今学校に通っている子どもたちへの特効薬にならない点が歯がゆい。

謝辞を述べた女性は宮城ユキミさん（二世）といい、（略）本人に連絡をとって、卒業式の言葉を正確に教えてもらった。

正しくは「今まで支えてくれた家族、先生方、友人に感謝を述べるとともに、外国ルーツでも、日本の大学を卒業することは、単なる憧れではなく、達成しうる目標であることをここで証明します」というものだった。（略）

宮城さんとしては、母への感謝はもちろん、「日本にいるブラジルルーツの子どもに自分の可能性を信じ、諦めないでほしいと願っています」という気持ちで、彼らに伝わるようにポルトガル語で挨拶したという。

（二〇一七年十二月二十七日付）

現在、日本には約二十万七千人の日系ブラジル人が暮らしているとみられる。彼らは日本の土を踏み、各地で様々な軋轢を生んだ。そうした事態に外国人集住都市会議が二〇〇一年に設立された。「外国人集住都市会議は、ニューカマーと呼ばれる南米日系人を中心とする外国人住民が多数居住する都市の行政並びに地域の国際交流協会等をもって構成し、外国人住民に係わる施策や活動状況に関する情報交換を行う中で、地域で顕在化しつつある様々な問題の解決に積極的に取り組んでいく」ことを目的としている。

この会議に参加しているのは群馬県太田市、伊勢崎市、大泉町、長野県上田市、飯田市、静岡県浜松市、愛知県豊橋市、豊田市、小牧市、三重県津市、四日市市、鈴鹿市、岡山県総社市だ。この中で外国人の比率が最も高いのは大泉町で一八・四％。人口比率は三％だが、その数が最も多いのは、浜松市の二万四千四百三十三人だ。ちなみに二位は豊田市の一万七千七百三十五人（いずれも二〇一九年四月一日現在）。

静岡文化芸術大学の副学長でもあり、文化政策学部国際文化学科の池上重弘教授（当時）が語る。

「開学の翌年度の二〇〇一年度にベトナム国籍の学生が国際文化学科に入学したのが定住外国人学生の最初の入学者です。ブラジル国籍の学生が初めて入学するのは二〇〇六年度で、その後に二〇〇八年度にデザイン学部に二名入学しています。二年間のブランクを経て、二〇一一年度からは毎年ブラジル国籍の学生が入学し、二〇一七年度入学者までを合計すると二十四名に達します。日本で育つ定住外国人の第二世代が増えつつある中、大学進学を果たす者も現れたということです」

前述の樹海の中で紹介されている宮城ユキミ・シンチアもその一人だ。

入管法が改正され直後、一九九一年五月から十二月にかけて、国際協力事業団（現国際協力機構＝ＪＩＣＡ）が「日系人本邦就労実態調査」を行っている。

「来日の動機」についてこのような結果が出ている。

――一定期間日本で働いて貯金してから帰国したいと考えていた人はブラジルで半分以上の五八％、ペルーで四五・二％と高く、これに続いてアルゼンチン、パラグアイは三七％から三九％、ボリビアは二一・七％と最も低い。

六割近くの日系ブラジル人は帰国を考えていたが、現実的には半数以上が定住傾向をみせている。

日本国内でも格差社会が進んでいると社会問題化している。日系人の多くは派遣労働者で、雇用は極めて不安定なものになりがちだ。日本の景気に彼らの生活は大きく左右される。

バブル経済の崩壊直後だった。静岡県内で不穏なビラが撒かれたことがあった。外国人を排斥する内容だが、それは日系人にも向けられている。

「あなたがたは日本政府の発行した労働許可査証を持っていますか？　またはそれを持っていても有効なものですか？　日本では労働許可査証がないと仕事ができません。仕事がなければ住まいや生活環境、特に毎日の食費などにも困るようになり、犯罪を犯すようになるのです。労働許可査証を持たず仕事をしていても、日本は今不景気の最中でもあり、今後ますます警察の摘発や政府機関の圧力が強くなってきます。私たちもこれ以上日本固有の文化、歴史、生活習慣を脅かされて、あなたがたのような理解のない人が増え続ければ、公共的なレベルだけではなく、民間レベル、各個人的にも攻撃的な手段を取るしかなくなる状態に追い込まれようとしています。以上のようなことを踏まえて、速やかに自分の母国へ帰国することを警告致します。また、労働許可査証を持って働いている外国人（日系ブラジル、ペルーその他）の方も日本にいるからには、ただ単に稼ぐのではなく、労働許可査証を持っていれば何でもよいわけではないのですから、日本の法律はもちろん、地域に合った生活マナーを守って少しでも早く母国へ帰国できるよう一生懸命頑張ってください」

これは静岡県に限ったことではない。同じようなことが群馬県大泉町でも起きていた。

二〇〇一年の町長選挙だった。日系人導入に積極的な町政を推進してきた現職町長と、それに反対する対立候補の一騎打ちになった。

対立候補の推薦人の一人でもある元青年会議所理事長が開設したＨＰで日系人を中傷する内容を掲載した。

今や大泉町は「ブラジルの植民地」である。

町内においては風俗や生活習慣の違いから、問題が起きている！　外国人も当初は数も少なく、遠慮しての生活であったが、数の論理で大某(ママ)になってきた。騒音・ごみ・交通ルール・マナー等数えればきりがない！

高野大泉町長は「外国人との共生」と言っていますが、彼らはビジネスで来日している。基本的に町(まちづくり)に対する意識は大きく違う！

どこを考えての共生なのかわからない！

外国人問題が社会現象になっている先進国ドイツでは、今大変な事態（ネオナチス）が起きている。このままではやがてこの国でも何か起こる可能性を秘めている。今後、外国人問題はこの町に大きな付けとして、課題を残すだろう！

町民は故郷を失いつつある！

欧米で顕在化している「移民」への極端な排外主義の萌芽はすでに、この頃から日本でも見られた。さらに二〇〇八年のリーマン・ショックが追い打ちをかけた。

日本政府が立て替えた旅費で帰国しなければならない日系人もいた。日系人のホームレスが現れたと物議をかもしたこともある。

日本で定住しようとした日系人に向けられた視線には厳しいものがあった。こうした環境の中であっても、大学進学を果たすデカセギの第二世代が誕生してきたのだ。

浜松市では「相互の理解と尊重のもと、創造と成長を続ける、ともに築く多文化共生都市」の実現を目指して「第二次浜松市多文化共生都市ビジョン」を策定している。また重要施策の一つとして「次世代の育成・支援」を挙げている。

こうした浜松市の共生への取り組みと歩調を合わせるようにして、静岡文化芸術大学では二〇〇〇年の開学以来、多文化共生分野に向けて様々な課題解決に貢献するために研究を積み重ねてきた。

「静岡文化芸術大学を核とした多文化共生の推進策をめぐる研究」の代表者が池上教授だ。

同大学は、静岡県と浜松市、地元産業界が協力して運営する「公設民営方式」の私立大学として誕生し、二〇一〇年に私立大学から静岡県が設立する公立大学へと移行した。

「定住外国人学生の実態把握に向けた基礎的研究を行うとともに、大学の性格上さらなる地域貢献の方向性を見据えた実践的研究が求められます」〔池上教授〕

二〇一六年度から始まった第二期中期計画の「多文化共生の推進」という項目には、同大学の方針として、「地域の多文化共生を推進する拠点として本学の機能させる具体策を策定し、可能なものから実施する」とし、「定住外国人学生を積極的に受け入れる」と記載されている。

多文化共生を目指す静岡文化芸術大学には、ブラジルだけではなく、ベトナム、中国、フィリピン、コロンビア、韓国の定住外国人学生が入学している。

宮城ユキミ・シンチアはサンパウロ州で生まれ、二〇〇五年に十歳の時に家族とともに来日した。父親は戦後移民、母親は日系二世。家庭内ではポルトガル語が使われていた。

日本の公立の小中高で教育を受けている。日本語はまったくできなかった。「取り出し」という授業が設

出張カラーズでは進学の助言も

けられていて、国語と社会には、教師とポルトガル語の通訳が付いた授業が行われた。高校はポルトガル語が学べる浜松市立高等学校インターナショナルクラスに入った。

センター試験を受けて、彼女は静岡文化芸術大学に合格。高校、大学で自分と同じような境遇の生徒と出会った。しかし、大学進学を果たすデカセギ子弟は極めて少数だった。

彼女は外国にルーツを持つ仲間とＣＯＬＯＲＳ（Communicate with Others to Learn Other Roots (Routs) and Stories）を立ち上げた。浜松市周辺で活動する外国にルーツを持つ若者グループだ。

彼らは「出張カラーズ」を主な活動に掲げた。外国に自分のルーツを持つ生徒が多く在籍する高校へ出向き、自らのルーツについて語りかけたり、日本での暮らし方、進学、就職について助言したりして、自分たちと同じ境遇の生徒にメッセージを発信した。

ＣＯＬＯＲＳの活動は、宮城ユキミ・シンチアの妹で、同じく静岡文化芸術大学で学ぶユカリ・モニカからに引き継がれ、現在も継続して行われている。

ブラジルの日系社会では、移住した移民（一世）の現地で生まれた子どもを二世、親に連れられて子どもの時に海を渡った者を準二世と呼んでいる。宮城ユカリ・モニカは、日本に移り住んだ日系ブラジル人の準二世といえる。こうした世代が今、高校あるいは大学に進学している。

「外国にルーツを持つ子どもたちの高校進学率はここ数年で少しずつだが着実に向上している。しかし、外国人集住都市会議の調査（二〇一二年）では、高校に進学した彼らのほぼ半数が、日本語での授業理解に課題を抱えている。浜松市内でも彼らの高校進学率は八割ながら、進学者の三割近くが定時制高校に進学しており、定時制高校での学びを確かなものにするための対応策が求められている」〔池上教授〕

ＣＯＬＯＲＳは、定時制高校で将来について考えるワークショップを行っている。それだけではなく、浜松国際交流協会が開く小中学校生徒の学習支援にも積極的に参加する。

「小中学校の生徒にはわからないところを教え、課題を出して一緒に勉強しています」

と、宮城ユカリ・モニカは現在の活動について語る。そうした学習支援の場にやってくるのは小中学校の生徒だけではない。

日本国内には、ブラジルから進出してきて、その国のカリキュラムに沿って教える学校もある。ブラジルに帰国をすることを前提に、そうした学校に通っていた生徒たちは日本語を学ぶ機会が少なく、日本語を学ぶ目的で参加してくる。

ブラジルの学校は学費が高く、親が失業し、学費が払えなくなって日本の学校に編入してくるケースもある。当然授業にはついていけなくなる。

「日本語を学ばなければならない者もいるし、中には中学を卒業したけれど、高校に行かず、将来について悩み、こうした学習支援の場に来る人もいます」

また生活するだけで精いっぱいで、子どもの教育、進学に関連する情報を十分に把握できない親も少なくない。

「高校、大学に進むには、親の理解が不可欠になります。浜松市立高校のインターナショナルクラスは定員が二十名なのに、毎年四、五人程度の入学者しかいません」〔宮城ユカリ・モニカ〕

こうした状況についてブラジルの心理学者の中川郷子は二〇〇三年九月から十一月までJICAの研究留学制度で、愛知県豊田市の保見団地などでデカセギ子弟の教育状況を調査している。その時の様子がニッケイ新聞（二〇〇四年三月四日付）に紹介されている。

「十六歳になったら、大学卒のお父さんと同じ給料をもらえるのに、なんで勉強しなくちゃいけないの？」。その時に、子どもたちは口々にそのような言葉を問い返してきたそう。教育現場に満ちる様々な矛盾と疑問を目の当たりにし、「これが今までのデカセギの結果なんだなって思いました」と問いかける。（略）

「いろいろなブラジル商店もあってポ語だけで生活できるから、日本語を覚える気がないんですよ」という。彼女は百三十人の子どもを調査したが、「日本語を話すのに抵抗がある」傾向を感じた。「日本語を話したら日本人になる」「日本人になりたくない」という思いを感じたそう。（略）「掛け橋的な人材が欠けている」。また、「バラバラなんですよ、教育が」と哀しそうにつぶやく。例えば日本の小学校に入学し、その途中で伯人学校（日本に進出してきたブラジルの学校）へ転校。親は「学費が高い」と子を再び日本の小学校へ戻すが、しばらくして帰国。仕事が見つからずに再び日本へ。子どもは数カ月の空白期間をおいて小学校へ再々入学、というのもザラ。——

定時制高校に出向きワークショップを開催していると気づくことがある。

「情報が行き届いていないのを実感します」〔宮城ユカリ・モニカ〕

大学への進学を考えていても、経済的な事情でその一歩を踏み出せないでいる生徒もいる。奨学金などの制度についてまったく知識を持たない者も多い。

「将来について考えてみようといっても、自分の未来について何をやりたいのか、考えつかない生徒も少なくありません」

自分のアイデンティティが不確かなうえに、親の経済的状況が不安定。将来が思い描けるはずがない。

群馬県太田市でデザイナーとして活躍する日系三世の平野勇パウロ。

一九八九年に家族とともに来日した。

「両方の言葉を話せたが、家では日本語しか話さないようになった。日本人になろうと思った」

平野勇パウロは地元の高校を卒業し、京都外国語大学に合格した。京都外大に在学中に、サンパウロ州の名門、ＵＳＰ（サンパウロ大学）に一年間留学も果たしている。

大学を卒業し、日本の商社に就職したが、クライアントの中には外国人にアレルギー反応を起こす人もいると、パウロの名前を削除した名刺を渡された。

「ブラジル人という事実になかなか自信が持てない日々が続きました」

現在、平野勇パウロは太田市にデザイン事務所、アルテソリューションを開設し、デザイナーとして活躍している。

「日本人とは違っている。今では違っていることを自分の個性だと思ってデザイナーの仕事をしています。

これでいいんだと自信が持てるようになったのは最近のことですよ」

同じような体験を宮城ユカリ・モニカも体験している。

「小さい頃に来日したために、日本語を覚えるのはそれほど苦労していません。心の中にはルーツへの思いはありましたが、このまま日本人として生きていくのかなと漠然と考えていました。でも、高校のインターナショナルクラスでポルトガル語を学習し、大学で共生について学んでからは、違っていてもいいいんだと思えるようになりました」

準二世、そして日本で生まれ育った二世も着実に増えてきている。

宮城ユカリ・モニカはUSPに留学し、サンパウロでは多民族国家ブラジルの共生について学んでもいる。

浜松市内には世界的にも有名なグローバル企業が集中している。こうした企業は彼らを排除するのではなく、早くから注目し、採用してきた。池上教授によれば、高校卒業した者の中にもバイリンガルの人材はいる。マーケットを拡大するためにそうした人材を積極的に採用している企業も増えているという。

浜松市が進めている共生は、ようやくその芽を出し始めたところなのかもしれない。

その一方で、日本語もポルトガル語も不十分なダブルリミテッドの問題も内包しているが、準二世、二世は確実に成長を遂げている。それは新たなアイデンティティの誕生を予感させるものだ。多様化するアイデンティティを受容し、共生を推進することこそが、欧米で台頭する移民排外主義への大きな抑止力になるのではないだろうか。

四十年目のボートピープル

これまで戦後生まれた日米、日韓、日比のハーフ、さらには一九九〇年の入管法改正で来日した日系ブラジル人のデカセギについてレポートしてきた。

もう一つ忘れてはならないのは、日本で暮らす難民の存在だ。

南ベトナム政府の首都サイゴンが一九七五年に陥落し、一九七六年七月、南北ベトナムが統一され、ベトナム社会主義共和国が樹立された。それ以降、旧南ベトナムの社会主義化が急速に進められ、その政策に反発する人々が小さな漁船に乗り込み、ベトナムから脱出し、難民となって海外に流失した。彼らはボートピープルと呼ばれた。

福岡市で暮らす竹原さん一家もそうだった。

福岡市には三つのベトナム料理店がある。一九八一年十二月、博多駅近くにオープンした南十字星、二〇一七年五月に開店したシンチャオ一号店（中央区六本松）、そして二〇一九年七月には二号店（城南区干隈）

が誕生した。

南十字星は竹原茂、グエン・チィ・キム・ホワァ夫妻が、シンチャオ一号店、二号店は、二人の長男でベトナム生まれの治が経営にあたっている。治は二〇〇七年、渡辺幸子と結婚、現在は渡辺姓となった。

竹原夫婦には、やはりベトナム生まれの長女恵子、二男実がいる。三人の子どもは、日本とベトナムとのハーフとして生まれた。

竹原一家と私が初めて会ったのは、一九七九年八月、マレーシアのクアラルンプールにあったインドシナ難民を収容するキャンプだった。

左から母親のグエン・チィ・キム・ホワァ、長男の治

難民キャンプは屋根と床だけで壁のない二階建ての木造バラック。ここで二千人にも及ぶインドシナ難民が、受入れ国が決まるまでの間生活し、その中に竹原一家がいた。

ベトナム戦争は一九七五年四月三十日、北ベトナム軍がサイゴンに入城し首都サイゴン（現ホーチミン）が陥落した。

当時、南ベトナムの水産会社で、竹原茂は船舶の操舵や漁業指導にあたっていた。それを知って、出国を希望する人たちから船を用意するので船長になってほしいと依頼された。

結婚し三人の子どもはいたが、結婚届、出生届を提出する日本の在外公館はハノイにあった。

旧南ベトナム政府系のゲリラが散発的に抵抗していた。食料が配給制になり、食糧不足からくる生活不安が広がった。混乱の中をハノイまで行くのは極めて困難だった。ベトナム政府はボートピープルから金を取り、出国を黙認した。急激な社会主義政策を進めるベトナム政府にとっては、不満を抱く人たちは邪魔者でしかなかった。

竹原茂が船長を務めた難民船「VT二六八号」は、一九七九年四月二十一日、ホーチミンの南にあるブンタウ港から出港し、難民を受け入れていたオーストラリアを目指した。難民船は六五トンの木造船で全長二五メートル、幅六メートル、構造は甲板も含めて三層、この船に五百二十七人が乗り込んだ。最年長は八十二歳、生まれたばかりの赤ん坊もいた。一平方メートル四方に四人が座わるといった状況だった。この船に可能な限りの燃料と飲料水、食糧を積み込んだが、コップ一杯の水を六人で分けて飲まなければならなかった。

船内は蒸し暑く、換気も不十分、油の匂いで、激しい船酔いにだれもが苦しんだ。

出港四日目に死者が出てしまった。

「十四歳と十六歳の女の子が亡くなりました。遺体はシートで包み、重りを付けて海に流し、水葬にしました」

クアラルンプールの難民キャンプで竹原茂はそう語っていた。それ以上死者を出さないためには、一度上陸して休息を取るしかなかった。竹原はマレーシアに舵を向けた。マレーシアに接近すると上空をヘリコプターが飛び、マレーシア軍が警備し、接岸できそうにもなかった。

英語を話せる者が、病人が多数出ていること訴えた。一時的に上陸は認められた。

「マレーシア軍と警察から一万二千ドルを要求され、皆からカネを集めても二千ドルしかなかった」〔茂〕

国連管理の難民収容所へ移すという名目だったが、海軍の船に曳航され、公海上に放逐された。難民船からは、海図と羅針盤が奪われていた。
「その後昼は太陽の位置、夜は南十字星を頼りに航行するしかありませんでした」〔茂〕
最後は、国連が管理するマレーシアの無人島テンガ島に設けられた難民キャンプにたどり着き、竹原茂が日本人だとわかり、一家はテンガ島からクアラルンプールの難民キャンプに移送された。

1979年来日した竹原一家

一家が日本の土を踏んだのは一九七九年八月二十二日。それから一年後、ベトナム難民を支援するために政財界の有志が出資して、東京赤坂にベトナム料理店アオザイがオープンした。厨房で腕をふるったのが竹原茂と妻のグエン・チィ・キム・ホワァだった。

しかし一家は東京の生活になじめず、竹原の故郷である福岡に戻ってくる。そして一九八一年十二月に南十字星を現在の場所にオープンさせた。

博多駅から徒歩で十数分、アクセスには便利な場所だ。

「でも当時周りは畑ばかりの寂しいところだった」〔グエン・チィ・キム・ホワァ〕

公海上をさまよった竹原は、南十字星を頼りに難民船の舵を握った。

「南十字星は、難民にとって生きるための希望の星だった。それでオ

ヤジは南十字星を店の名にしたようです」〔治〕

レストラン南十字星は、日本で生きようとする一家の希望を乗せた船でもあった。レストランは今も当時のままだ。

「父は船を想定してこの店をデザインしました」〔恵子〕

南十字星の窓は船室を思わせる丸窓になっている。

しかし、レストラン南十字星の航海は順風満帆とはいかなかった。

治が小学校に入学した年、南十字星が開店した。

「子どもの頃、朝食を食べてから学校へ行った日というのはありません」

当時の生活について治が語る。

南十字星のある建物は、一階が店舗で、二階以上が居住スペースになっていた。しかし、一家にとってはレストランが居住スペースでもあった。オープン当時は家を借りる余裕はなかった。レストランには当然トイレはあるが風呂はない。体をふくだけで風呂には入れなかった。

店の営業が終わると、両親は店の隅に寝袋を敷いて寝た。店内には薄い壁で隔てた一畳ほどの細長い倉庫があり、三人の子どもはそこで寝た。

「レストランをやっているのに家族が食べるものがなかった」

売上金はすべて食材の仕入れに回された。当時はまだベトナム料理の食材を手に入れることが困難で、値段も高かった。

「学校へ行く楽しみは給食でした」

空腹に耐えて午前中の授業を受けた。給食が始まると、配られた給食をあっという間に平らげてしまった。

「とにかく食べるのは早かった」

他の生徒は手を付けたばかりだが、彼はすぐにお代わりをした。

「いつも二、三回はしていました。恥ずかしいとか、そんなことを気にしている余裕がないほど空腹だった」

グエン・チィ・キム・ホワァはベトナムで暮らしていた頃、料理学校に通っていた。メニューは本格的なベトナム料理だが、日本人にはまだなじみが薄かった。

レストランの収益だけでは一家が暮らしていくのは困難だった。竹原茂は日雇いの土木作業の仕事に出た。

治が小学校の同窓会に出席すると、同級生の当時の印象はだれに聞いても「ガリガリに痩せていた」というものだった。それくらい食事に事欠いていた。

授業が終わると、そのまま南十字星に戻り、店の手伝いをした。

母も日本語を学ぶために近くの小学校に通った。

「小学生に取り囲まれ、オバチャンと呼ばれていいました」(グエン・チィ・キム・ホワァ)

しかし、その通学も数カ月で終わる。母親も昼間はデパ地下のレストランで皿洗いの仕事をしなければ、一家の生活は成り立たなかった。

皿洗いの仕事を終えて戻ると、母親は休む間もなく南十字星の厨房に入った。

「私たちきょうだいは、三人とも小学校に入るのと同時に料理、接客を仕込まれました」

客のオーダーを聞き、子どもたちがベトナム語で母親にそれを伝えた。一家全員で働いた。しかし生活は相変わらず苦しくて、「まかないメシ」も出せないほどだった。

「晩ご飯は客が残したものを食べていました」

スープ系の料理は冷えると食べにくくなった。バンセオはベトナム風のお好み焼きで、冷たくなってもおいしかった。

「お客さんがきて食べ残してくれないと、僕たちの晩ごはんがなくなってしまう。だから心配で、時々お客さんが残していないかどうか、テーブルを見に行ったりしていました」

残ったものを三人の子どもたちで分けて食べ合った。ベトナム料理のメニューを知らない客には、バンセオを勧めた。

「少しでも残してくれれば、僕たちのお腹に入れることができるから」

小学校三、四年生になると治も恵子も厨房に入り料理を作った。

学校から戻ると、店の掃除をして客が来るのを待った。客が来るまでの間を利用して、三人はテーブルで勉強した。デパ地下のレストランの仕事が長引いて、母親の帰宅が遅くなる時もあった。

客が来店するとノートを閉じてオーダーを聞いた。すぐに三人は厨房に入り料理を始めた。

「事情を知っている常連客でも、子どもたちだけで料理を作っているところを見ると、『大丈夫かい？』と心配そうに厨房の様子を見にきました」

この頃には、恵子を中心にして三人の子どもだけでも料理が出せるようになっていた。

一家の暮らし向きを知ると、近所のパン屋は売れ残ったからとパンを差し入れてくれた。客の中にはファミリーコンピューターをプレゼントしてくれた者もいた。

「ベトナムから難民として来日したことを知るお客さんが店を盛り立て、僕たちを育ててくれたような気がします」

母親は厨房に立つと料理を子どもたちに教えた。ベトナム料理のテキストがあるわけではない。母親が料理するところを見ながら覚えるしかなかった。

「教え方はスパルタ式で、私は要領が悪いせいか、中華用のオタマで何度頭を叩かれたかわかりません」

食材の予備が潤沢にあるわけではない。練習用の食材を用意して、試しに作ってみるといった余裕はなかった。客からオーダーが入り、それを作るのが練習だが、失敗は許されない。横に母親が付きっきりで、調味料の量を少しでも間違えれば、口で注意されるより先にオタマで叩かれた。

一家がアパートを借りて暮らし、「まかないメシ」で夕飯が食べられるようになったのは、治が小学校五、六年生になった頃からだ。それはバブル景気と重なる。しかし、その「まかないメシ」もご飯にバター醤油をかけたものだった。

「月に一度くらい母親がラーメン屋に連れて行ってくれるんですが、それが唯一の外食であり、御馳走でした。遠足の時などもお菓子を持っていったという記憶はありません。多分友だちから分けてもらっていたのでしょうが、今でもお菓子を食べるという習慣はありません」

南十字星が軌道に乗るのは、治が中学校に入ってからだ。治は高校に進学するつもりはなかった。しかし、中学校の担任教師から高校進学を勧められた。高校三年間も、学校とそれ以外は南十字星の厨房に入る生活だった。

高校卒業後、レストランの仕事に集中した。ベトナム料理を確固たる自分の技術として習得するには、母親の料理の技術をレシピ化する必要があると思った。

南十字星には計量カップ、計量スプーン、料理用の計量器がなかった。料理は目分量で微妙な味を作り出すのが調理人だと、母親は考えていた。

「オフクロは職人気質なんです」

母親のそばで調味料の量、食材の重量、水の量など計量器を使って正確に計り、料理方法なども詳細にメモした。

「同じメニューを何度も繰り返して計量し、平均値を割り出してレシピを完成させました」

二十三歳くらいから四、五年をかけて南十字星で出されているすべてのメニューのレシピ化を終了した。

その頃から治の心境に変化が生じた。

「レシピを完成させたという達成感もあったからだと思うのですが、このままでいいのだろうかという思いが湧いてきたんです」

子どもの時からずっと南十字星で働き、ベトナム料理のことだけを考えてきた。

「妹が羨ましく思えてきた」

恵子はベトナムに語学留学をしていた。

「母親から教えてもらったベトナム語を話しても、ベトナム人に通じなかった。これではいけないと思い、三年間語学留学をさせてもらいました」〔恵子〕

母親は治が高校三年になると、三人の子どもをベトナムに連れて行き、親戚に会わせ、故郷を見せた。しかし、治はベトナムにはなじめなかった。

二十八歳の時、治は突然南十字星を辞めてしまった。

「何か自分に合っている別の仕事があるのではないか。自分探しをしてみようと、そんな気持ちになってしまったんです」

ベトナム料理以外は知らない治の「自分探し」は奇抜なものだった。すでにバブル経済は崩壊していた。

治は新聞の求人欄を開き、やれるのではないか、やってみたいと思う職種を選び、片っ端から応募していった。

「接客には自信があった。営業の仕事ならできるのではないかと思った」

布団のセールスの仕事に就いた。一軒一軒の家を飛び込み営業に入った。しかし、南十字星に来てくれる客の応対と、布団の営業とはまったく違った。

工場の生産ライン、土木建築関係の仕事、大工、左官屋、警備員の仕事を転々とした。

友人が遠洋漁業の船員だった。父親はベトナムで元々漁業指導に従事していた。治が南十字星の厨房で料理を作っていたことを知っていた友人の勧めで、治は料理長として遠洋漁業の船に乗った。

「一カ月も持ちませんでした」

激しい船酔いに襲われて、治は料理をしているどころではなかった。衰弱が激しく、間もなく船を下された。

「カレーうどんのチェーン店の店長もしてみました」

そこで幸子と知り合い結婚。それでも自分探しの旅は終わらなかった。どんな仕事についても、これだという手ごたえが得られなかった。風に舞う木の葉のようで、自分の進むべき道がいつまだたってもわからなかった。

次々に仕事を変えるために治の収入は安定しなかった。

長女春花、長男直也が生まれた。

やがて治の自分探しにも終止符が打たれる日がやってくる。

リーマン・ショックの影響で、以前のように簡単には就職ができなくなってきた。友人を頼って大工の仕事をしていた。休日を利用して、久しぶりに一家四人で買い物に出かけた時のことだった。

車内で五歳になる春花が聞いた。

「パパ、シンチャオってわかる」

「わかるよ。どうして知っているの」

「バノイ（おばあちゃん）に教えてもらったの」

シンチャオはベトナム語で「こんにちは」だ。春花は祖母からベトナム語を習っていた。当時は母親が暮らすマンションの近くで一家も生活していた。

「私は仕事に夢中で、娘がオフクロとベトナム語で話をしているのも知りませんでした」

大工の仕事をする一方で、土曜日、日曜日など忙しい日は南十字星の厨房に入り、店の仕事も手伝っていた。その姿を春花は見ていた。

「料理しているパパってカッコいいよ」

長女の言葉に目の前に雷が落ちたような衝撃を治は覚えた。娘の一言に、視界を閉ざしていた深い霧が、強風にあおられて一瞬にして流されていくようだった。

その夜、夫婦で話し合った。

「ベトナム料理の店を開いてみようと思うんだ」

治の提案に幸子も賛成してくれた。

しかしベトナム料理店の店を開こうと思っても、手元に資金はまったくない。南十字星は勝手に飛び出していた。母親を頼るわけにもいかない。大工の仕事だけでは開店資金は貯まらない。

「夜はコンビニ弁当などを作る工場で働きました。この頃は熟睡するという日はなく、毎日仮眠をとるといった状況でした。それでもつらいと思うことはなかったですね」

娘が「カッコいい」と言ってくれた職業に就くという夢が治を支え、勇気を与えてくれた。妻の幸子も資金を貯めるために可能な限り倹約に努め、夫をサポートした。

こうして産声を上げたのがシンチャオ一号店だった。

「娘の話すシンチャオという言葉に、どこか懐かしく、心地よさを感じました。それを店名にしました」

同時に、それはようやく本当の自分に巡り合えた、治の客に向けた挨拶の言葉でもあった。

一号店はカウンター七席だけの小さな店だった。しかし、治の自分探しの旅の終着点であり、夫婦の新たな出発点でもあった。

「レシピ化した大学ノートを見つけ出した。そのレシピが大いに役立った」

宣伝費をかけるわけにはいかなかった。ビラを撒いたのは人通りの多い博多と薬院の駅前。

「店の近所では妻とスタッフに民族衣装のアオザイを着てもらい、食材のなどの買い出しもしてもらいました。それがＰＲでした」

肺の病気で長期入院中の父親も開店を心から喜んでくれた。オープンを知って母親が食材を提供してくれた。母親の協力でベトナムの代表的な麺料理フォーを開店三日間だけは百円で提供することができた。

「店の前は長蛇の列だった」

ベトナム料理の味を知ってもらうために、赤字覚悟の営業だった。三日間の営業を終えた時、運転資金は三万円しか残っていなかった。

「その後も一年間くらいは、昼間だけは妻やスタッフに任せて、私は大工仕事をしていました」

しかし、着実にシンチャオは固定客をつかみ、二号店のオープンに漕ぎつけた。

今は二店舗の経営にすべての勢力を注ぎ込んでいる。

「博多はラーメンが有名ですが、博多といえばベトナム料理っていわれるくらいに、両親がその一歩を記したベトナム料理を広めていきたいと思っているんです」

今日も厨房で腕を振るう治の新たな目標だ。


一家が経験した経済的苦境は筆舌に尽くしがたい。一九八〇年代は空腹を抱えるほどの貧困家庭だった。父親が日本人だったこともあり、三人の子どもも日本国籍の取得にはそれほど苦労していない。そんなこともあって一家は地域社会に根を下ろして、今日まで生き抜いてきた。

しかし、すべての難民がそうした道を辿るわけではない。

※　コロナの影響によって二号店は閉店に追い込まれた。しかし、一号店の営業は従来通りだ。二号店に代わってキッ

チンカー二台が福岡市内を回っている。

鉄格子なき牢獄列島

一九七五年にベトナム戦争が終結。ベトナム、ラオス、カンボジアのインドシナ三国に新たな政治体制が成立したが、その体制に馴染めずに多くの人々が難民として海外に脱出した。

インドシナ難民は、アメリカ、オーストラリア、カナダのほか、フランス、ドイツ、イギリスなどのヨーロッパに安住の地を求めて移り住んだ。日本も約一万一千人の難民を受け入れた。

前章の竹原一家もその中に含まれる。

当時、インドシナ難民の受け入れに消極的だった日本は、国際的にも批判され、一九八一年に難民条約に加入した。

冒頭で、肌の色や容貌、国籍にかかわらず、二つ以上の国にルーツを持ち、日本で暮らす人たちをハーフと定義すると書いた。

竹原茂さんの三人の子どもたちは、様々な困難を乗り越えて日本に定住したハーフでもある。インドシナ難民の受け入れは二〇〇五年に終了したが、現在も日本に救いを求めて来日する難民は存在する。そうした難民の中には、子どもの時に来日した者もいれば、独身だったが、後に日本人と結婚した者も当然いる。
彼らは竹原さん一家のように日本に定住する道を歩んでいるのだろうか。

今から四十七年以上も前のことだ。私は移民の一人としてブラジルに移住し、サンパウロで日系人向けの日本語新聞、パウリスタ新聞の記者をしていた。社屋は東洋人街のはずれにあった。戦後の一時期は日系人の多い地区だったが、一九七〇年代後半は治安の悪化が著しく、「ボッカ・デ・リッショ（ゴミの入口）」と呼ばれようになり、日系人はそこを離れ、治安のいい地区に移っていた。

日本語新聞の読者は減り、新聞社はいつ倒産してもおかしくない状態で、移転もできずにその場所に残った。編集部は三階にあり、通りを挟んで真向いのアパートには、四、五十代前後の女性たちが暮らしていた。その多くは売春を職業にしていた。客とのトラブルや麻薬の売買で、昼間から銃声が鳴り響いた。最初はそれがわからずに、タイヤの破裂音くらいに思っていたが、それにしては回数が多い。先輩記者は「警察官との銃撃戦だ」とこともなげに言った。

夜はさらに治安が悪化した。サンパウロの繁華街近辺では、毎晩と言っていいほど強盗事件が発生した。強盗も銃で武装し、三、四人のグループで襲撃してくる。被害者が警察に通報し、運が良ければパトカーが急行する。近くにまだ強盗グループがいて、次の獲物を狙っている時であれば、警察と激しい銃撃戦が展開される。

強盗グループも発砲して応戦するが、所持している銃弾には限りがある。警察に追い詰められ、やがて逃げ場を失う。弾が尽きると彼らは両手を挙げて降伏する。そうしなければ警察官に撃ち殺されるからだ。

その後は、警察官が犯人を取り囲み、周囲に通行人がいてもそんなことはまったく無視して、犯人グループを殴り、蹴り倒す。犯人の顔を軍靴で踏みつけ、腹部を容赦なく蹴り続ける。

犯人たちは鼻や口から血を流し、泣き叫び、苦痛にのたうち回る。その様子を目撃している通行人も警察官を制止しようとはしない。警察官は適当なところでリンチを止め、道に転がっている犯人をそのまま放置して引き上げていく。当時は軍政下で、人権などないに等しい。犯人を警察に連行しないのは、留置所も刑務所も凶悪犯であふれ、収容する余裕がないからだ。

サンパウロで目撃した警察官の暴行は、衆人環視の中で行われた。トーマス・アッシュ監督の『牛久』というドキュメンタリー映画を観て、それ以上の惨劇が今の日本で起きていると思った。場所は茨城県牛久市にある東日本入国管理センターだ。

この施設はオーバーステイや、就労可能な査証を所持していない外国人が日本で働き、退去強制令書を出され、強制送還までの期間、収容される施設だ。全国に十七カ所あり、出入国在留管理庁のHPには「保安上支障がない範囲内において、できる限りの自由が与えられ、その属する国の風俗習慣、生活様式を尊重されています」と述べられ、健康管理についても「医師及び看護師が常駐し、被収容者の診療に当たっており、必要に応じて外部の病院に通院、入院させる等被収容者の健康管理に万全の対策が講じられています。また、被収容者の心情安定を図るため、臨床心理士によるカウンセリングを実施しています」とも記載されている。

しかし、二〇二一年三月、名古屋入管の施設に収容されていたスリランカ国籍のウィシュマ・サンダマリ（当時三十三歳）が「病死」した。彼女は二〇一七年に留学のために来日したが、その後「不法残留」となり、入管施設に収容され、体調が悪化したにもかかわらず、必要な医療が受けられないまま死亡している。

実はこうした悲劇は氷山の一角でしかない。

二〇〇七年以降、昨年のウィシュマの死亡まで、入管の収容施設で十七人が死亡している。病死七人、自殺五人、窒息死一人、餓死一人、不明二人。ウィシュマは遺族が裁判を起こし、いずれ正確な死因が特定されるだろう。さらに二〇二二年十一月、イタリア人が自殺、死者は十八人に達する。

東日本入国管理センターは完全な「密室」だが、ここに収容されている外国人の様子をトーマス・アッシュ監督は、隠し撮りという方法で白日の下にさらした。

それが『牛久』で、この映画は「世界最大級の日本映画の祭典　ドイツ2021〝ニッポン・コネクション〟」で「ニッポン・ドックス賞〔観客賞〕」を、アジアを代表する国際ドキュメンタリー映画祭「韓国2021〝DMZDocs〟」では「アジアの視線」最優秀賞、オランダのカメラジャパンでも「観客賞」を受賞し、日本各地、世界各国で上映され、高い評価を得ている。

この映画には、面会室でアクリル板越しに収容者が施設内での生活を語る姿が映し出されている。まるで刑務所の面会室のようだ。一人ひとりの証言にも心打たれるが、私が衝撃を受けたのはデニスの映像だ。入管は「制圧」行為と主張しているが、その様子は「制圧」などというなまやさしいものではなく、暴行を取り越して、虐待、拷問のように私には思えた。

デニスはトルコ国籍のクルド人だ。クルド人は「世界最大の少数民族」と呼ばれ、世界に三千六百万から四千六百万人ほどいると言われている（パリ・クルド研究所）。

デニスがトルコから来日したのは二〇〇七年、迫害から逃れるためだった。クルド人ということだけでトルコでは差別され、不当な取り扱いを受けた。反政府デモに加わった。すぐに警察に身柄を拘束され、暴行を受けた。

「ファシストに左足を刺されたこともあった」

しかし、犯人は逮捕されなかった。

クルド語を話しているだけで国家反逆罪とみなされた。

トルコはクルド語の使用に制限を加えたり、人名、地区名をトルコ名に変更したりするなど、強引な「同化政策」を推進している。

デニス（写真提供：クルド難民デニスさんとあゆむ会）

一九九〇年代に入り、トルコ政府はトルコ南東部のクルド人が住む地区を、空爆や戦車で破壊、それ以降多くの難民が海外に脱出するようになった。

デモに参加したことで、家族にも脅迫電話がかかってきた。デニスが来日までの経緯を語ってくれた。

「トルコにそのまま止まれば、殺されると思った」

脱出ルートは限られている。クルド人を国外に脱出させるブローカーもいるが、高額な金を要求される。

「金を渡したからと言って、安全にヨーロッパに辿り着けるとも限らない。途中で出国が当局に知られれば殺されてしまう」

パスポートもクルド人には簡単に発給してもらえない。デニスは両親、イギリス在住の姉から経済的支援を受け、旅券発給の担当者に金をつかませてパスポートを手に入れた。

「出国する時も、空港で何のトラブルも起きないように空港職員にも金を渡した」

飛行機に搭乗し、離陸するまでに何が起きるかわからない。計画が露見し、身柄を拘束されてしまえばデニスに待ち受けているのは死だ。

出国を決意してから実際にイスタンブールの国際空港を離れるまで一カ月。

「離陸した時は、もうトルコには戻れないという気持ちと、これからのことで不安でいっぱいだった」

デニスはカタールを目指し、ドーハで乗り継ぎ日本に向かった。

なぜ、日本を目指したのか。日本とトルコの間には査証免除協定があり、日本に入国するにあたって査証は必要なかった。

「私は英語も日本語もまったくわからない。でも、日本は平和な国家、安全な社会だということくらいはわかっていた」

二〇〇七年五月十日、関西国際空港に降り立った。在留期間は九十日と限られ、八月八日までの滞在が認められた。

日本に入国できたが、姉が予約してくれたホテルがどこにあるのかもわからなかった。ホテルの住所をタクシー運転手に示してそこへ連れて行ってもらった。約一万五千円かかったというから、おそらく和歌山市内のホテルだろう。

ホテルに宿泊しながらデニスは姉と連絡を取った。

「姉は英語が話せるので、通りがかりの人の中から英語の話せる人を見つけて、近くにあるネットカフェを聞いてもらった」

ネットカフェの場所がわかると、デニスはそこでトルコ料理のレストランを探した。名古屋に一軒あった。すぐに電話を入れた。

「事情を説明して、少しの間面倒を見てくれないかと頼み込んだ」

名古屋のトルコ料理のレストランに向かい、そこで仕事を手伝い、しばらく生活させてもらった。しかし、その生活は長くは続かなかった。デニスがクルド人だとわかり、暴行を受けた。

「そこで働いている時、埼玉県にクルド人がたくさん住んでいる地区があることがわかった」

デニスと同じような理由でトルコから逃れてきたクルド人が、川口市、蕨市に住み始め、コミュニティーが形成されていた。

「クルド人がたくさん住んでいると知り、ホッとしたことを覚えている」

デニスはそのコミュニティーに身を寄せた。家族が工面してくれた資金はすでに底を突いていた。

解体業の仕事をしながら日々の糧を得た。

来日したその年の暮れに、デニスは法務大臣宛てに難民申請を行った。

難民とは、〈難民条約第一条又は議定書第一条の規定により定義される難民を意味し、それは、人種、宗教、国籍、特定の社会的集団の構成員であること又は政治的意見を理由として迫害を受けるおそれがあるという十分に理由のある恐怖を有するために国籍国の外にいる者であって、その国籍国の保護を受けることができないか又はそれを望まない者〉と定義されている。

難民は難民認定申請を行い、法務大臣から難民と認定されると難民条約に規定する保護を受けられる。難民認定は申請者から提出された証拠資料に基づいて判定される。この証拠書類にデニスは苦しめられる。デニスに限らず難民申請者の前に、証拠書類が立ちはだかる。

デニスが難民であることを証明するための証拠書類、例えば現政権に反対するデモに加わり、警察に身柄を拘束されたが、その時の逮捕状、警察での供述調書。警察で暴行を受けた時やファシストから足を刺された時の診断書、カルテなどだ。

「すぐにでもトルコを離れなければならないほど状況は緊迫していた。そうした書類を集めている余裕もなかったし、それを集めることでさらに危険が増してしまう」

必死に脱出の状況を訴えたが、理解は得られなかった。

「トルコに残る家族もいろいろ手を尽くしてくれたけど、家族にも危険が及んだ」

証拠書類を揃えるのは断念せざるを得なかった。

結局、二〇〇八年六月十六日、難民不認定という処分が下された。すぐに異議を申し立てたが、翌年十二月に棄却された。二〇一〇年一月七日、デニスは二回目の難民申請を提出した。その一方で一回目の難民不認定の取り消しを求めて東京地裁に訴訟を提起した。

これ以降、難民申請をしては不認可処分となり、再申請をする一方で、取り消し処分を求める訴訟を起こすということを繰り返す。そうでもしなければ強制送還が執行されるとも限らない。

デニスは二〇〇九年十二月一日から仮放免を許可された二〇一〇年八月十八日まで、退去強制令書が執行され、品川にある東京出入国在留管理局（東京入管）と東日本入国管理センターに収容されている。

仮放免で入管施設からは出られるが、就労は禁止され、県をまたぐ移動も入管の許可を取り付けなければならない。自由はないのに等しい。

それでも仮放免の期間中に、日本人女性と出会い、デニスは結婚することになる。トルコを出国した時のパスポートは失効している。日本の区役所に結婚届を提出するためには、トルコ大使館で新たなパスポートを発給してもらうしかない。

「申請に行ったら、私には出国禁止の措置が取られていて、一回限りという条件でパスポートを発給してもらった」

トルコでは難民申請は国家反逆罪とみなされる。デニスが帰国すれば待ち受けているのは「迫害」以外の何ものでもない。

難民申請をする外国人、オーバーステイの外国人をさらに追い詰める通達が二〇一六年四月に入国管理局長から各収容所所長宛に出された。この通達には二〇二〇年開催予定の東京オリンピック・パラリンピックに向けて「安全・安心な社会の実現のための取組」について記載されている。

「近年増加傾向にある不法残留者及び偽装滞在者（以下「不法滞在者等」という。）のほか、退去強制令書が発付されても送還を忌避する外国人（以下「送還忌避者」という。）など我が国社会に不安を与える外国人を大幅に縮減することは、（略）喫緊の課題となっています」

そのためには「不法滞在者等の効率的・効果的な摘発、送還忌避者の発生を抑制する適切な処遇及び積極的な送還執行について、様々な工夫や新たな手法を取り入れる」必要があるとしている。

この通達に従って入管は「退去強制手続き業務及び難民認定手続業務の遂行の実現」に積極的に動き出す。

その影響はデニスだけではなく、多くの難民認定申請者に及んだ。

デニスは以下のように長期にわたって入管施設へと収監された。

二〇一六年五月十五日〜二〇一九年八月二日（千百七十五日間）

二〇一九年八月二日〜同月十六日までは仮放免

二〇一九年八月十六日〜同年十月二十五日（七十一日間）

二〇一九年十月二十五日から同年十一月七日までは仮放免

二〇一九年十一月七日〜二〇二〇年三月二十三日（百三十八日間）

サンパウロで暮らしていた頃、オーバーステイ、密入国者がどのように扱われるのか、目撃したことがある。ブラジル政府はこうした人たちに自ら出頭するように呼びかけた。それに応じて出頭してきた者を施設に収容することなどしなかったし、そんな施設も存在しなかった。重大な罪を犯していない限り永住査証を与え、移民として受け入れていた。ブラジル人と結婚したり、子どもがいたりする場合は優先的にそうした処置が取られた。

デニスは日本人と正式に結婚もしている。それにもかかわらず二〇一六年五月十五日以降、収監された日数は千三百八十四日間にも上る。ブラジルに渡った移民から見ると、この対応はあまりにも異様で残酷だ。長期収容の間二回だけ、たった二週間仮放免の処置が取られている。これには入管側の思惑がある。

デニスの健康状態は悪化の一途をたどっている。

二〇一六年五月十五日から二〇一九年八月二日までの間、長期収容の影響から複数回、自殺を試みている。

私が冒頭で拷問に思えると書いたデニスへの暴行は二〇一九年一月十八日午後十一時四十五分以降に起きた。

デニスが「リラックスできる薬」がほしいと入管職員に要求したことから始まる。居室に備え付けられているインターホンで、入管職員と会話するようになっている。

「これまでにもインターホンで来てほしてと訴えても、『今忙しい』と無視されたことが何度もあった」

デニスの前の部屋に入管職員の部屋がある。デニスは収容されている自分の部屋のドアを蹴った。

複数の職員がドアの前に立った。

それまではクロルプロマジンという薬が処方されていたが、副作用を恐れてデニスは十二月四日から服用を中止していた。クロルプロマジンは「主に脳内のドーパミンに対して抑制作用をあらわし、幻覚、妄想、不安、緊張、興奮などの症状を改善する薬」とされる。

職員はクロルプロマジンが処方されていることを理由に、デニスが求めたパンセダンは出せないと答えている。パンセダンは「鎮静作用に効果の高い生薬を配合した植物性の静穏薬」で、一般の薬局でもネット通販でも購入できる。

職員と押し問答が始まる。デニスが大声でパンセダンを要求した。ドアの前に待機していた職員がデニスの独居房に入り、処遇室で話すように促す。

「声を張り上げるな。他の部屋で話し合いましょう」

「この部屋から出たくない。話があるならここで話せばいい」

デニスは部屋から出るのを拒絶した。

「行くよ」

「どこへ、なんで」

説明を求めたが回答はない。

「私はそれまでに何度もスペシャルルームに入れられている。その後どうなるかわかるから、部屋から出るのを拒絶した」

日付が変わった十九日午前零時三十分頃、十人以上の職員が部屋に入ってきて、デニスを外に連れ出そうとした。デニスは足をバタつかせた。

「助けて、殺される」

デニスの叫び声に異変を察知し、同じ棟に収容されて者が一斉に壁を叩き、声を張り上げた。

「何をするんだ」

「デニス、どうした？」

入管職員が「皆怒っている」とデニスに向かって言った。

「そうではない。私のことを心配して皆が声を上げてくれたんだ」

部屋に入って来た職員に手足、頭を抑え込まれ、デニスは処置室へ連行された。

処置室に入れられるなりデニスは五人がかりで、仰向けに押さえつけられる。

「うつ伏せにしてから制圧する」

職員の声が処置室に響く。

デニスの体は一度横向きにされてから、そのままうつ伏せ状態にひっくり返される。

「制圧」

職員が叫ぶのと同時に、「ワッパ（手錠）をかけろ」と命令が飛ぶ。

後ろ手に手錠がかけられた。デニスはまったく身動きが取れない状態だ。しかし、職員がさらに指示を出す。

「抵抗が見られるので、一回こっちに回すんで」

映像を見る限り「抵抗」しているようには見えない。後ろ手の手錠と、背後から押さえつけられ、抵抗のしようがない。

再び仰向け状態。

「何をやっているの、あなたたち」「殺される」「止めて」

デニスが叫ぶ。これに対して皮手袋をはめた職員がその手をデニスの口にあてる。

「空気入らない」

呼吸ができないと訴え、デニスは首を振ってその手を外そうとする。職員はそれでも手を口にあてがう。

体の各所を抑え込まれ、「首痛い」「腕痛い」と叫び、「やりすぎ」と訴える。「抵抗しないか」とデニスを問い詰めるが、デニスは身動き一つできない状態だ。

「いいから座れ」と大声で職員が命令する。

職員に体を起こされ、床に座らされた。

「やりすぎ」

抗議するデニスに「うるさいな」と応じる職員。

デニスの後ろにいた職員が両手でデニスの頭を押さえ、動かないように固定した。デニスの前の職員は皮手袋をはめた左手でデニスの顎をつかみ、手袋を外した右手の親指の先端を左顎関節に強く食い込ませた。

思わずデニスが叫ぶ。

「痛い」「私、殺したい？」「やめて」「やりすぎ」

デニスの前にいる職員は、力を込めて自分の親指を押し続けた。そこには痛点がある。痛点とは刺激を加えた時、痛みだけが発生する点で、人間の体のいたるところに存在する。「痛いか」と確認するようにその痛点を職員は意識的に押しているのだ。

映画『牛久』でも使われたこの映像は、実は入管が収容者に対して「適切」に対応していることを示すために撮影されたものだ。デニスへ苦痛を与える暴行を「適切」な処遇として、複数の入管職員がなんの躊躇いもなく（私にはそう感じられる）、ビデオ映像におさまる現実に、戦慄を覚える。

デニスは東日本入国管理センターで職員から受けた暴行に対して、二〇一九年八月十日、国家賠償請求の裁判を起こした。

映像は原告側の求めに、裁判所が提出を要請、入管側がそれに応じた。

原告側の主張（原告第2準備書面）にはこうした記述がみられる。

「入国警備官Aは、革手袋を外した右親指を、原告の背骨上部に強く押しつけながら、後ろ手にされた左腕を原告の頭の方へ抱え上げ、その肩関節を痛めつける暴行に及んだ」

顎関節の痛点だけではなく、筋肉の少ない痛みを感じやすい箇所を狙って親指を食い込ませている。

「原告の上半身を抑えていた入国警備官Aを含む職員らは、後ろ手に手錠をされた原告の腕を上（原告の頭の）方向に押し上げ、原告の腕と肩の関節を無理な形に締め上げた。この結果、原告は『あー。あー』と声にならない悲鳴を上げ、『やりすぎ』『腕痛い。腕』と訴えた」

こうした暴行を受け、デニスは「殺される」と叫んでいるが、死の恐怖を感じても決して不思議ではない。処置室での暴行を受けた後、デニスは隔離室に移動させられた。いわゆる「懲罰房」で、収容者は「スペシャルルーム」と呼んでいた。部屋には何もなく、部屋の片隅に排便用の穴が空いているだけだ。デニスはその後五日間をこの部屋で過ごすことになる。

デニスに対する暴行に対して、入管側は「苦痛を与える行為は、違法とはいえないものの、不当な行為として認められる」としている。

デニスに対しては、日常的に入管職員による挑発行為が行われていたようだ。

「面会が終わった後、身体検査が行われ、夏の時など半ズボン、半袖のシャツで、直接肌に触れて検査などする必要もないのに、触ってくるので、止めてくださいと手を払っただけで、笛を鳴らされ『はい、暴行』とスペシャルルームに連れていかれた」

デニスを追い詰めたのは、それだけではない。「精神的な暴力」もある。それは難民申請にかかわる面接を受けた時だ。

係官から執拗に聞かれた。

「トルコに戻りますか」

「その質問は止めてください」

「規則だから聞かないわけにはいきません」

「トルコに戻れば、私は殺されます」

いくら訴えても、同じ質問が繰り返され、デニスにとってはまさに質問そのものが「精神的な暴力」だった。職員から「とっとと自分の国に帰れ」となじられたことも一度や二度ではない。

二〇一九年八月二日に二週間、仮放免の処置が取られた。

二週間の仮放免中にデニスを診察した四谷クリニックの医師は、拘禁反応の疑いがあると診断している。しかし、十分な治療も受けられないままデニスは「牛久」に再び収容された。それ以後、症状は悪化の一途を辿る。

全国十七施設でもデニスと同じような処遇を受けるケースが相次ぎ、ハンガーストライキで抗議する者が現れた。

八月十六日に再収容されたデニスもハンガーストライキで入管に抗議、仮放免が出た十月二十五日までの七十一日間に体重は十キロ以上落ちた。それだけではない。精神的に追い詰められて両手首を切って自殺も図っている。

使ったのはジュースの缶だ。

「いつもは飲み終わるまで職員が立ち会うけど、その日は、用事があったのか途中で離れて戻ってこなかった。その缶を隠しておいて、後でばらして手首を切った」

デニスが仮放免で入管施設を出た直後、十月三十一日に港町診療所の医師が診察し、意見書を書いている。疾患は、「心因反応、抑うつ状態疑、ＰＴＳＤ疑、胃炎／十二指腸潰瘍疑、腰痛症・左足筋肉痛（制圧・

暴行後遺症）」としている。

ＰＴＳＤについては「入管職員から暴行を受けた出来事がフラッシュバックとなり、頭からはなれません。ＰＴＳＤの可能性が高く、その場合の治療は、できるだけその出来事の場所から遠ざかることです」と記載し、「入管施設内では、適切な検査が実施されず、ときには見逃しや誤診がみうけられます。入管医療の限界なのでしょうが、医師としての診断能力にも、かなり疑問があります。医師であれば、患者の訴えに耳を傾けなければなりません。（略）デニスさんをこのまま入管収容施設に再収容することは、避けなければなりません」とも述べている。

しかし、デニスは十一月七日、再び収容された。

二〇二〇年の年が明けると、デニスは自殺未遂を頻繁に繰り返すようになる。シーツを換気口に吊り下げ、ゴミ箱を踏み台にして首を吊ろうとした。毛布の縁をはぎ取って紐にして、首に巻き付けたり、Ｔシャツを破いて紐にして首を絞めたりして、自殺を試みた。ビニール袋を飲み、死のうとした時もある。

たびたび自殺を試みているが、記憶がないケースがある。

不眠、幻視、幻聴に苦しめられた。複数の向精神薬、睡眠薬が処方された。デニスにはトリアゾラム（ハルシオン）〇・二五㎎錠が四錠出されていた。この薬は保険適用が一日二錠までで、添付文書にも一日五㎎と記載されている。

デニスのたび重なる自殺未遂、そして「過剰投与」は二〇二〇年三月五日の参議院予算委員会で石川大我議員が追及している。

デニスの仮放免が認められ、東日本入国管理センターから出たのは、三月二十三日のことだった。

この時期に多くの収容者が、仮放免が認められ施設から出ている。表向きの理由はコロナだが、実際には自殺者、病死が多発し、国会でも取り上げられ、厳しい社会的批判にさらされたからだろう。

デニスの来日から今日まで、収容された経緯をたどり、入管施設内部で行われていた処遇を見ると、精神的、肉体的に限界まで追いつめ、二週間だけ仮放免、体力を少し回復させてまた収容。それを繰り返して厭世観をあおり、難民申請者を「死の帰国」へ追いやるための入管が考え出した「効率的・効果的な排除」の手段のように思えてくる。

二〇一九年十月、国連恣意的拘禁作業部会に対して、難民申請者に対して人権侵害が行われているとデニスともう一人サファリ（イラン人）は調査を求める要望を送った。これを受けて国連恣意的拘禁作業部会は、二〇二〇年「日本の入管収容は自由権規約に違反している」と発表した。

二〇二二年一月、デニスとサファリの二人は、日本の入管制度は国際人権規約に反するとして国を提訴した。デニスは入管の不法行為を問う裁判と二つの訴訟を争うことになった。

クルド人がトルコでの迫害から逃れるために来日するのは九〇年代に入ってからだ。アリ・アイユルディズは日本にたどり着いた初期難民の一人だ。一九九三年四月十九日、新東京国際空港に降り立った。トルコでは十八歳になれば徴兵される。出国の動機は徴兵から逃れるためだ。

「徴兵されてしまえば、クルド人制圧の現場に派兵される。それだけは絶対にしたくなかった」

兵役拒否は処罰の対象となる。日本に入国したのはデニスと同じで、査証なしで入国できるからだ。

「数カ月は所持金でなんとか生活した」

当時の日本は一九九〇年に入管法が改正され、オーバーステイのまま日本で就労する外国人を帰国させ、その代替として南米の日系人に定住査証を与えて導入した。オーバーステイの外国人を雇用している会社経営者も処罰の対象となった。

すでにバブル経済は崩壊していた。それまで就労していた外国人は帰国に追い込まれていったが、それでも日本に残り就労する者もいた。静岡県には今もデカセギ日系人が多く働いているが、バブル崩壊直後に外国人労働者を排斥するビラがまかれていた（一二三頁参照）。


こうした外国人を排斥する雰囲気は静岡県に限ったことではない。アリは時給六百三十円のアイロンをかける仕事を埼玉県で見つけた。一日千円の寮費を支払い、そこで息を潜めるようにして生活した。

衣類にアイロンをかける仕事は、半年で会社が倒産した。それからは解体業で生活の糧を得た。アリが入管法違反で逮捕されるのは、一九九八年三月だった。入国から五年の歳月が流れていた。

「解体の仕事を終えて帰る時だった。警察官に呼び止められた」

外国人カードの提示を求められた。この当時は、地方自治体から「在留の資格なし」と記載された外国人登録カードが発行されていた。提示するとその場で逮捕された。そのまま東日本入国管理センターに収容され、身柄は二〇〇一年六月まで三年三カ月にわたって拘束された。

「私が収容された直後から、次々とオーバーステイの外国人が入ってきた。石原都知事が就任した後、その数が急激に増えた」

石原慎太郎が都知事を務めたのは一九九九年四月から二〇一二年十月までだ。いつまで収容されるのか、入管側からいっさい説明はなかった。ハンガーストライキで抗議した。七十四日間ハンガーストライキを続けた。一一五キロあった体重は七〇キロにまで減っていた。

仮放免の許可が出たが、二〇〇四年に再び収監される。

「なぜ、収監されたのか、いまだに理由がわかりません」

東日本入国管理センターに一年にわたって収容され、二〇〇五年六月に仮放免の許可が出た。

アリは赤坂で逮捕された年の六月に難民申請を行った。申請しては棄却され、再度申請するということの繰り返し。

その一方で、難民認定をしない処分の取り消しを求める訴訟を二〇〇一年に東京地裁に起こした。〇四年に取消請求を棄却する判決が下り、最高裁まで争ったが、二〇〇六年に棄却されている。同様の裁判を〇九年にも起こしたが、結局、控訴審判決も棄却で、判決は確定した。

現在七回目の難民申請が行われている。

アリは五回目の申請中だった二〇〇八年十月に日本人と結婚している。現在まで通常の婚姻関係が維持されている。しかし、結婚はいっさい考慮されていない。二回目の難民申請不認可の取り消しを求める裁判で、入管側は二人の結婚について主張している。

「婚姻期間が長くなれば、いつかは在留特別許可を付与されるかもしれないから、自己に不利益な司法判断は無視して、不法残留を継続するという身勝手で無責任な態度の下で、本邦に在留し続けてきている。このような原告の態度は、不法残留による在留期間を引き延ばした上、長期間在留していることをもって在留特別許可を得ようとするものであり、正に違法状態の継続にほかならないのであるから、原告が本邦に長期間在留していることは、在留特別許可の許否の判断において格別有利に斟酌すべき事情にはあたらない」

アリが帰国すれば、迫害を受け、殺される可能性がある。しかし、そうした事情はいっさい考慮されず、入管はさらに二人の婚姻関係にも言及している。

「妻がトルコに渡航して原告のところに赴くことは十分に可能であるし、電話、電子メール、インターネット等により、原告と交流することは可能であるから、原告と妻が夫婦関係を維持することは可能である。したがって、原告と妻との婚姻関係は、在留特別許可の諾否判断において格別有利に斟酌すべき事情とはいえない」

――アリは日本に入国し、不法滞在を続けてきた。日本人と結婚すれば、特別在留許可が得られるだろうと勝手に思い、長期に不法滞在を継続している。妻がトルコに行くことも可能だし、電話やメールで連絡を取ることも可能で、アリがトルコに帰国しても夫婦関係は維持できるし、結婚しているからといって特別在留許可は与えられない。

東京地裁も高裁も、入管側の主張を丸のみにしたような判決を下した。

「日本政府は、トルコ政府とまったく同じに思える。小泉内閣から安倍内閣に代わり、オーバーステイの外国人への対応は、いちだんと厳しくなったように感じる」

難民申請者に対する対応が以前にも増して厳しくなったと、難民申請者の間では囁かれている。トルコ政府はクルド人をテロリストとみなして様々な弾圧を加えきた。日本に入国したクルド人は二千人といわれている。

二〇二一年、入管難民法の改定案が提出された。政府案は「難民申請三回目以降は送還可能」にし、送還の妨害にも罰則規定を設けるものだった。この法案は多方面から反対され、成立には至らなかった。しかし、政府は再度この法案の成立を目指しているといわれている。

難民申請者にとって日本は今も鉄格子のない牢獄だ。

自分の命を守るために自分の国から脱出しなければならない人は、世界全体で八千九百三十万人といわれている。日本の総人口の約七割が難民となり、安住の地を求めてさまよっていることになる。

群馬県館林に住むアウン・ティンもその一人で、彼はロヒンギャだ。ロヒンギャは、仏教徒が九割を占めるミャンマーで、西部ラカイン州に暮らすイスラム教を信仰する少数民族だ。推定で人口百十万人、海外で暮らすロヒンギャを含めると二百万人以上といわれている。

一九六二年にクーデターによって政権を握ったネ・ウィン独裁時代から難民流出が始まり、一九七八年に二十二万人、一九九一年から九二年にかけて二十七万人、そして二〇一七年に七十四万人もの難民がバングラデシュに逃れた。

館林市周辺に約三百人のロヒンギャが暮らし、アウン・ティンは一九九〇年七月にミャンマーを出国、来日したのは九二年十一月だった。

ネ・ウィンの独裁体制は、高まる民主化要求によって一九八八年「辞任」に追い込まれた。しかし、ネ・ウィンの跡を引き継いだソウ・マウン大将も民主化運動を弾圧、数千人の民主化運動の活動家を虐殺した。ソウ・マウンは国家法秩序回復委員会を設置、公正な選挙後軍部は政治から撤退すると表明した。

一九九〇年五月総選挙が行われ、アウン・サン・スー・チーが率いる国民民主化連盟が大勝したが、軍事政権は政権を移譲せず、それまで以上の弾圧を加えるようになった。アウン・ティンもすでに三回、警察に身柄を拘束されていた。

「高校を終えて大学に入ろうとする年だった。民主化運動に参加していたことで、私の名前も逮捕者のリストに載っていた」

アウン・ティンはタイに出国した。

「マナプロウに逃げ込んだ者もいる」

ミャンマーはビルマ族が七割を占めるが、カレン、カチン、モン族など百三十以上の少数民族で構成される多民族国家でもある。マナプロウは自治権を要求して闘ってきたカレン族の拠点だ。ここに国民民主化連盟の議員、僧侶、弁護士、ジャーナリスト、民主化を求める学生らが加わり、ミャンマー国軍と戦っていた。

一九九二年、私はタイ国境を越えてマナプロウを訪れ、カレン国民同盟のボーミャ議長を取材した。

「ミャンマーでは民主主義的な権利はすべて失われている。軍事政権はあらゆる少数民族に対して虐殺を行ってきた。一九八八年まではビルマ族はその事実を知らなかったが、今はそれを知るようになった。彼らも人権侵害を受けているからだ」

タイに逃れたアウン・ティンはマレーシア、バングラデシュ、サウジアラビアに移動した。サウジアラビアで日本の観光査証を取得した。

「アメリカやカナダ、オーストラリアに逃れる者もいた。アメリカに渡るチャンスはあったけど、それでは距離的にも遠くなり、ミャンマーの民主化運動にかかわれなくなってしまうので、私は日本に行くことを決意した」

来日して間もなく難民申請を行ったが、それは不認可だった。

「ＵＨＮＣＲ（国連難民高等弁務官事務所）の方は私を難民として認定してくれた。二回目はその証明書を付けて申請をした。難民認定は却下されたが、特別在留許可が下りた」

特別在留許可とは、本来は退去強制される外国人に対し、法務大臣が人道的な理由などで特別に在留を認めたものだ。

それにしても、特別在留許可を得たのは、来日してから九年目、二〇〇一年のことだ。

「多くの国はロヒンギャを難民として認定してくれる。ところが日本は、なかなか認定はしてくれないし、その数も少ない」

全国難民弁護団連絡会議によると、二〇〇六年から二〇一八年にかけてミャンマー出身の難民申請者は七千七百六十四人で、難民に認定された者二百十四人、「人道的な配慮の必要性」から特別在留許可を得た者千六百二十一人、不認定になったものは五千三百三十一人にも達する。

「証明する書類を集めろと入管は言うけれど、集められるはずがない。集めている余裕などないから難民になって国外に脱出した。それを何回も説明したけど、わかってはもらえなかった」

アウン・ティンも東日本入国管理センターに収容された経験がある。その時に言われた。

〈ミャンマーに戻っても安全だ〉

ミャンマーには母と五人の兄弟が残った。

「逃げた後、家には何度も警察が来て、私がどこにいるのかを聞いて回っていた。国に戻れば殺される。だから日本で暮らさせてほしいとお願いした。何も悪いことはしていない。ただ、それだけなのに収容された。収容にいったい何の意味があるのだろうか」

特別在留許可を得るまでアウン・ティンも苦しい生活を余儀なくされた。

「ミャンマーそしてロヒンギャのための活動を日本で続けたいと思った」

アウン・ティンは二〇〇七年に永住査証を取得した。さらに二〇一四年に帰化を申請、二〇一五年に日本国籍を取得した。

一方、ミャンマーの混乱は続いていた。一九九〇年十二月に民主化を推進する勢力はマナプロウに暫定政府を樹立した。首相に就任したのはアウン・サン・スー・チーの従兄にあたるセイン・ウィンだった。スー・チーは一九八九年以降、自宅に軟禁された。

当時のミャンマーを経済的に支えていたのは森林資源、漁業資源、鉱山採掘権の切り売り。そして「黄金の三角地帯」と呼ばれるミャンマー北部でのアヘンの栽培。さらに日本からの経済援助だ。

日本は一九八八年のクーデターを契機に援助を一度停止したが、大喪の礼に合わせるかのように一九八九年には再開している。援助額は当時のミャンマーの年間予算の二割に近い額に達していた。

「日本政府の経済援助がビルマ（一九八九年、軍事政権はビルマをミャンマーと改名した）国民のためになってほしい。人道的な面からだけの援助をお願いしたい」

と、婉曲な言い方だが、セイン・ウィンは日本の経済援助を批判した。同じことをボーミャ議長も学生のリーダーたちも口々に訴えた。

その後も政情は安定しなかった。二〇一一年、民政移管が行われた。二〇一六年にはスー・チーが国家顧問に就任している。しかし、仏教徒によるイスラム教徒への排斥が強まり、ラカイン州では二〇一二年に衝突事件が起きた。十四万人ものロヒンギャが強制収容所に送られたといわれている。

二〇一七年には国軍による掃討作戦が展開され、七十四万人ものロヒンギャがバングラデシュに逃れ、死者は一万から二万五千人にものぼるとされる。ミャンマー政府は国連司法裁判所に訴えられ、二〇二〇年には国際司法裁判所から「ジェノサイド（集団殺害）につながる迫害を防止」するように命じられた。

二〇二一年、軍事クーデターが起きた。千八百人もの犠牲者が出ている。これに対して日本のNGO三十五団体が国軍への資金源を断つように求めている。

「国軍を裨益する事業に関しては、直ちに中止、または支援を取りやめる措置を取ってください」

三十年前、日本の経済援助に対して暫定政府のセイン・ウィン首相は同じことを訴えていた。つまり日本は人権侵害と殺戮を繰り返し、難民を生み出すミャンマーの軍事政権に経済援助をずっと続けていたことになる。

二〇一九年度のミャンマーへのODA（政府開発援助）実績は千八百九十三億円だった。国内外の厳しい批判に、ミャンマーに対する新規経済援助の停止を二〇二一年三月に決めた。

バングラデシュのコックスバザールに累計で百万人以上のロヒンギャが難民として流出した。

「日本にもっとたくさんのロヒンギャを受け入れてほしいという気持もありますが……」

アウン・ティンはこう語るが、日本に入国するロヒンギャの難民はいない。一九八二年に国籍法が改正されて、ロヒンギャは無国籍状態におかれている。

「パスポートを作ろうにも申請もできない。偽造パスポートで脱出しようとしても、デジタル化が進み、それも無理というのが現実なんです」

一九九四年、アウン・ティンは在日ビルマロヒンギャ協会を設立した。設立当初の会員はわずかに七人だった。それが増えたとはいえロヒンギャのコミュニティーはわずか三百人だ。

「難民にも認定されず、特別在留許可も得られずに仮放免のままのロヒンギャがまだ数人います」

アウン・ティンは貿易商として活躍し、二〇〇一年にロヒンギャの妻と結婚し、三人の子どもの父親でもある。

「難民キャンプの子どもたちには夢がない。だから教育の機会をつくるために学校の建設を進めている」

アウン・ティンは家族にはもう三十年会っていない。

「日本人に帰化しているものの、ミャンマーへの入国は慎重に、と関係省庁から助言されている」

命を狙われる可能性が今も高い。

日本は新規の経済援助を見送った。しかし、その一方で防衛省は民政移管が行われた二〇一五年以降、ミャンマー国軍からの留学生を受け入れている。その数は八年間で三十人にのぼる。

「国軍はジェノサイドをやっていると国連から指摘を受けています。そんな国軍に協力するのはどうかやめていただきたい」

アウン・ティンはこう訴えた。

グリスタン・エズズ

もう一人、難民ではないが、帰国すれば命が危ういウイグル人女性のグリスタン・エズズについても書いておきたい。

「弟は二〇一七年頃に強制収容所に入れられ、生死は不明、両親とは二〇一九年から連絡が取れなくなっています」

彼女が来日したのは二〇〇五年、その後専門学校で日本語を学び、二〇一一年に流通経済大学に編入学し、二〇一三年に卒業。

二〇一五年に帰化を申請した。

「申請に必要なすべての書類を法務省に提出した後、いくら待っても結果が出ない。精神的にはものすごく追い詰められました。赤いパスポート（中国旅券）を一刻も早く捨てたいという思いだった。もし帰化が認められなかったら、どの国が亡命を受け入れてくれるのか、必死に探しました」

結果的には二〇一八年に帰化が認められ、今日に至る。

「日本にきたのは、将来はウイグルと日本の架け橋になるような仕事をしたいという思いからでした」

しかし、日本で学ぶにつれて、ウイグルの現実を知ることになる。中国本土で公務員の給与が引き上げられても、それがウイグル自治区で実施されるのは三、四年も後だ。しかも昇給額は微々たるものだった。

「二十年も同額の給与で働かされていた親戚もいたし、役所、工場、会社、学校などトップは中国人、その下にウイグル人が就き、トップの批判をすれば№2の役職は奪われてしまう」

二〇二一年、アメリカは中国がウイグル人に対してジェノサイドを行っていると認定している。ウイグルの文化、言葉を奪い、ウイグルの「中国化」を推し進めている。

「二〇〇八年以降、一般家庭に中国人を送り込み、同居させるということまでしています。こんなこと、誰がどう考えてもおかしいでしょう」

少しでも逆らう素振りを見せれば、強制収容所送りになる。突然姿を消す者もいる。

「中国人が何か仕事で失敗をすれば、『お前は少数民族か』という言葉が自然に飛び交うほど、ウイグル人は差別されています」

ウイグル自治区における人権侵害の実態を、私が直接耳にしたのは、今から三年前のことだった。イギリスに亡命したウイグル人医師エンヴァー・トフティからウイグル人の臓器が摘出され、移植に用いられていると告げられた。

臓器を摘出されたのは銃殺刑を宣告された「死刑囚」だ。集団銃殺刑の刑場で、その「死刑囚」だけは右胸を撃ち抜かれ、まだ生存していた。その「死刑囚」からトフティは腎臓と肝臓を摘出した。この頃、中国の移植はまだ初期段階で、移植例を積み上げていた時期だと思われる。トフティはこの事実を亡命から十五年後に明かしている。

しかし、トフティの亡命理由は、臓器移植について西側に公表したことではない。ウイグルで頻繁に核実験が行われ、がん患者が多発しているデータを西側のマスコミに流し、それが中国当局に伝わり、身の危険を感じてイギリスに逃れたのだ。

現在も、中国はウイグル人から摘出した臓器を、中国人だけではなく、海外からやってきた患者に高額な医療費を取って移植手術を行っているとみられる。

グリスタン、そして家族に中国当局の圧力が加えられるようになったのは、彼女が日本でウイグル人の支援活動にかかわってからだ。

あるウイグル人の留学性が一時帰国し、本を買って日本に戻ろうとした。それが機密情報を海外に持ち出そうとしたとして身柄を拘束された。

「その人の救出運動にかかわった。そうした情報が中国当局に伝わってしまった」

帰るに帰れない状況に追い込まれてしまった。帰国すれば強制収容所送りになるどころか殺される危険性もあった。

日本で生きていくためには、留学生の査証を更新していくしかない。留学生査証で就労できる時間は、一週間で二十八時間までと決められている。生活を切り詰めながら、査証を更新し、大学を卒業した。

その後、日本の会社に就職し、在留資格を留学生から「技術・人文知識・国際業務」査証に切り替え、最終的には日本に帰化した。

それでもウイグルにはいまだに帰れない。

「カナダ国籍を取得したウイグル人が殺された例もあります」

家族の安否もいまだに確認が取れない。

「私の家族に、弟の件は連帯責任だ、と中国当局が言い放ったようです」

二〇二二年七月の参議院選挙に彼女は立候補した。

「そんなひどいことまで中国はしないだろうと、多くのウイグル人はそう

2022年参議院選挙に立候補

思っていた。でも、気がついたら、とんでもないことになってしまった。私は帰化した日本人として、日本をウイグルのようにしたくない。今も弾圧に苦しむアジアの人たちのために人権を守りたい」

これが彼女の立候補の理由だ。

選挙戦ではウイグル問題を有権者に訴えた。

この原稿を書いている最中に、フランスの国民議会選挙で、コートジボワール出身の元ホテル清掃係の女性が初当選を果たしたというニュースが飛び込んできた。

彼女は二〇一五年にフランス国籍を取得している。

今後はこうしたことが日本でも起きるのではないか。

グリスタンは難民ではないが、査証の切り替え手続き、帰化申請では筆舌に尽くしがたい苦労を経験してきた。入管行政に厳しい意見を言うのかと、私は思っていた。

「私は、無制限に外国人を受け入れるのは、実は反対なんです」

中国に文化、言葉を奪われ、中国批判をする者は強制収容所送りになるか、生命の危機に直面する。こうした現実をまざまざと見せつけられてきた彼女には、日本の現在の姿は、ウイグルと同じ道を歩んでいるように思えるのだろう。その危機感が立候補につながっているようにも思える。

二〇二一年、難民に認定されたのはわずかに七十四人で、難民認定率は〇・七%。人道上の配慮から特別在留許可を得た者五百八十人。これに対してイギリスの六三・四%、カナダ六二・一%、ドイツは二五・九%だが、四万人近い難民を受け入れている。日本は比べようもなく低い数字を示している。

さらに難民審査にあたって、トルコ、ミャンマー、そして中国、各政府に対して、特別な配慮が働いているのではないだろうか。

移民は自分の国を離れて、国境を越えて他国に移り住む人を指すが、その中でも紛争や迫害から逃れるために国外に逃れた人々が難民だ。

難民であろうが移民であろうが、外国人は受け入れないという日本の政策は、一貫している。日本は決して移民を認めようとはしない。

私の古巣でもあるサンパウロのニッケイ新聞（二〇一八年十一月十三日付）は、こう報じている。

「隠れ移民大国」日本は、キチンとした移住政策をとるべき

ブラジルよりも移民大国ではないかと、あきれた。というのも、ブラジルは今もベネズエラ人移民だけで六万人も受け入れるなど、依然として〈移民大国〉というイメージが強いが、実はとっくに実態としてはその状態を卒業してしまっているからだ。

実は総人口二億七百万人に対して、外国人人口は七十五万人しかおらず、公式な外国人比率はたった〈〇・三％〉に過ぎない。つまり、割合としては日本の七分の一だ。

ただし、ブラジルの場合、常に非公式だが、より現実に近い数字がある。ビザなしの人たちを入れた実際の外国人総数をその三倍とする推測が、ＵＯＬ電子版記事「ブラジルには少ししか移民がいない」にある。それでも人口の〇・九％に過ぎない。つまり、日本の方がはるかに〈移民大国〉だ。

日本は、実態としては移民大国であるにも関わらず、『移民政策はとらない』と言っている。この日本政府の在り方はオカシイし、日系人を含めて外国人全般は不相応な境遇に置かれていることは間違いないと思う。（略）

特に技能実習生の問題は深刻だ。昨年だけで約七千人が失踪した。この六年間を合計したら失踪者数は、なんと二万八千三百六十八人。小さな町の人口に匹敵する。まるで、第一回移民船〈笠戸丸〉時代のコーヒー農園からの夜逃げのようだ。（略）

つまり、『日本国民は移民を受け入れたくない』が、『産業界は低賃金労働者が欲しい』というはざまで、『移民ではないという名目で、日系人と技能実習生と留学生を増やす試行錯誤をしてきた』のがこの二十年間だ。

『移民ではない』という日本政府の姿勢は、『クジラは漢字で書けば〈鯨〉で、魚ヘンが入っているから魚類だ』と言い張っているようなものだ。政府がそうせざるを得ないように圧力をかけている産業界、そしてそれを許している日本国民の意識が問題の根本だ。

デニスなど、クルド難民の弁護を務めている大橋毅弁護士はこう語る。

「外国人の受け入れについての政策は、人口政策、産業政策、労働政策、安全保障政策、文化政策、宗教政策、教育政策、社会保障政策、差別禁止の政策、治安政策などの総合的な政策でなければならないことは当然であって、労働者保護、信教の自由、民族的アイデンティティの維持の保障、教育の保障、差別禁止、社会保障などの面では法令の遵守が必要となります。

このような政策を担うのは、本質的に治安機関である入管庁では不都合だと思います。外国人の受け入れは、治安政策として位置づけられては、極めて狭い視野のものとなり、妥当でないと思います。

例えば、入管庁が、二〇二一年十二月に、『現行入管法上の問題点』という資料をＨＰで発表しましたが、その中で『共生社会』について、『我が国に入国・在留する全ての外国人が適正な法的地位を保持することにより、外国人への差別・偏見をなくす。日本人と外国人が互いに信頼し、人権を尊重する』とし、『適正な法的地位を保持しない外国人は差別・偏見の対象とされ、不信の対象となり、人権が尊重されない』ことを示唆しており、多文化共生社会の本来の趣旨に反すると考えます。上記の総合政策を担当する官庁が、必要ではないでしょうか」

厚労省によれば、日本で働く外国人は百七十三万人（二〇二一年十月）、この中には当然デカセギ日系人、技能実習生、留学生も含まれる。彼らも査証を更新しながら、日本に「定住」している。日系人が日本にデカセギに来日するようになってすでに三十二年が経過している。「定住」は「永住」化し、政府が移民は認めないといったところで、実態は移民そのものだ。

しかし、日本政府が査証の延期を拒めば、彼らは一瞬にしてオーバーステイの状態に置かれてしまう。入管施設に収容された難民への排撃的処遇が、彼らにも向けられる可能性がある。

一九〇八年六月十八日、笠戸丸という移民船に乗船した第一回移民がブラジルの土を踏んだ日で、日系社会はこの日を移民の日と定めている。日本の首相からも現地の日本語メディアにメッセージが届く。前者が二〇一五年、後者が二〇一九年のものだが、その一部を紹介する。

ブラジルにおける日系社会の存在とその貢献が、現地で高い信頼と評価を受けていること、それが日本全体への信頼につながり、両国の友好を支える礎として大きな役割を果たしてきていることを改めて実感しました。

ブラジルは海外で最大の日系社会を有するまでになり、日本に対する強い信頼がブラジル社会全体に深く根を下ろしています。先人の精神を受け継ぎ、二世、三世、そして新世代の日系人の皆様が、ブラジル人としてブラジル社会でご活躍されていることに改めて敬意を表します。

日系人が「ブラジル社会全体に深く根を下ろし」、つまり移民は幾多の試練を乗り越えて永住し、新世代の日系人は「ブラジル人として」活躍している。それが日本とブラジルの友好を支えていると讃えている。このメッセージの送り主は故・安倍晋三だ。

日本から海外に渡った移民は、現地に永住し、同化している。安倍晋三に限らず、ブラジルを訪れた多くの政治家、要人は決まりきったように日系社会をこう賛美する。その一方で、掌を返したように、助けを求めて日本に入国した難民を拒絶し、デカセギ日系人や技能実習生も移民とは認めない、これが日本の現実だ。矛盾もはなはだしい。

かつての満州移民がそうであったように、移民には侵略の先兵といった側面もある。グリスタンもそれを危惧していた。しかし、安倍晋三のメッセージはある意味では移民について的を射たものだ。移民は「友好を支える」存在になり得る。

移民は国境の壁を低くし、国家間の対立を緩和させる力を秘めている。だから日本で暮らすことを望む移民や難民との共生を図る必要があるのではないだろうか。

難民の中には、来日後、子どもが生まれているケースも出てきている。

「日本はそんな子どもまで不法滞在扱いにするつもりですか。日本で生まれ育った子どもまで、強制送還にするんですか」

クルド難民のデニスは声を荒らげた。

日本で暮らす外国人とどう向き合うのか、どう共生を進めるのか。一九九〇年代は国際化が、今はグローバル化、多文化共生と叫ばれている。しかし、これは日本が近い将来目指すべき指標ではなく、私たちがすでに直面している現実だ。

さまよう難民二世

『東京クルド』（日向史有監督）というドキュメンタリー映画がある。

この物語はオザンとラマザン、二人のクルド人青年を五年間にわたって追い続けたドキュメンタリーだ。

トルコではクルド人ということだけで差別され、不当な取り扱いを受ける。「独立運動」に加われば、命を狙われた。迫害から逃れるためには国外へ脱出するしかない。トルコ国籍の彼らが査証なしで入国できるのが日本だ。

オザンの父親は二〇〇〇年に来日。その後、二〇〇五年に母と姉、そして当時六歳だったオザンが日本の土を踏んでいる。日本で三人の妹が生まれた。

オザンは義務教育を受け、定時制高校に通ったが、家族の生活費を稼ぐために中退、十五歳から解体工事現場で働き始めた。高校卒業の認定を取得し、現在は三回目の難民認定を申請中だ。

ラマザンは二〇〇六年、九歳の時に家族と共に来日した。妹が日本で生まれている。

オザンとラマザンはトルコ南東部で生まれ、幼馴染でもある。

オザン（右）とラマザン（左）　映画『東京クルド』より　ⓒ2021 DOCUMENTARY JAPAN INC

二人とも幼い頃来日し、日本で育った難民「準二世」で、難民申請が認められず、非正規滞在者であり、仮放免という立場で日本に暮らしている。

国連の人権に関する委員会は、二〇二二年十一月、日本政府に対して、入管施設内の対応の改善をはかるよう勧告した。国連が問題視しているのは、収容期間に期限がないこと、収容された者への医療が十分ではない点など、施設内での収容者の扱いだ。この十五年間で十八人の外国人が、自殺、病死などで死亡している。その入管施設にいつ収容されるかわからない。そんな恐怖感を抱きながら、彼らは日本で暮らしている。

ラマザンは高校を卒業後、英語の通訳を目指して専門学校に入学しようと懸命だった。入学の諾否を打診した学校は八校以上。しかし、在留資格を持たないことを理由にことごとく入学を拒否される。ラマザンの心が折れかかる。この様子を取材していた日向監督がラマザンに声をかけた。

「希望を持ち続けることは難しいかな？」

「希望を奪っているのはそっち側（日本人）じゃないですか……」

日向監督はラマザンにかける言葉を失った。

それでもラマザンは新たな夢を見出し、自動車整備士を目指し、整備士の専門学校へ入学した。

一方、オザンは解体の仕事をしながら生計を立てている。しかし、現在は仮放免という状態。県をまたぐ移動も、働くことも認められてはいない。保険証もなく、病気やケガの治療は実費診療になる。定期的に入管に出向き、仮放免許可の更新手続きをしなければならない。

『東京クルド』には、東京出入国在留管理庁に更新申請に行ったオザンと入管職員とのやりとりが字幕入りで流れる。

「仕事、しているの?」

「解体の仕事」

仕事は禁止されているという説明。

「仕事していなかったら、どうやって生きていけばいいの?」

「それは私たちはどうすることもできないよ。あなたたちでどうにかして」

ラマザン、オザン、二人の父親は入管施設に収容されたこともある。仮放免の更新をするために入管に行き、そのまま施設に強制収容される可能性も、二人にはあるのだ。

「ビザを出せばいいのに」

オザンが職員に告げると、

「帰ればいいんだよ、他の国に行ってよ、他の国へ」

トルコに戻れば、命の危険さえある。

他国で難民として保護を求めること自体、トルコ政府は反国家活動、分離主義活動とみなし、難民申請は国家反逆罪とされる。難民申請が却下され、強制送還されれば、命の危険を伴う迫害が待っているのは明らかだ。

二人が置かれている日本の状況は、まるで金太郎飴のように、どこを切っても絶望しかみえてこない。日本に住むおよそ二千人のクルド人が絶望の縁を歩いていると言ってもいいだろう。

入管職員のオザンを死地に追いやるような会話は、日本、日本人が彼らに向けて言い放っている言葉のようにも感じられる。

オザンに話を聞いた。

トルコで暮らしていた頃の記憶がある。

「家に軍隊が入ってきたり、町を戦車が走り抜けて行ったりする光景が脳裏に焼き付いている」

一家が住んでいたのはトルコ南東部だ。

「夏の暑い時、屋上にテントを張って寝ていたら、近くにオオカミがいた」

その村から父親が待つ日本に向けて脱出した。舗装されていない道を何時間も揺られ、イスラマバードに出た。

初めての飛行機の旅で、降り立ったのは羽田国際空港だった。

オザンが来日した頃は、クルド人児童の数も少なかったのだろう。彼の小・中学校には、クルド人は姉と彼だけ。友人もなく、孤独な日々を過ごすだけだった。しかし登校すれば待っているのはいじめと「ガイジン」そして「帰れ」という罵倒。荷物もよく隠された。ノートに「死ね」と落書きされたこともあった。

それでも小学校には通い続け、日本語を覚え、小学校のカリキュラムにしたがって勉強してきた。

「日本語は数カ月で話せるようになった」

耐えきれずにいじめをする生徒を殴りつけたこともある。父親が呼ばれ、学校側から厳しい注意を受けた。

「家に帰れば、今度は父親から殴られた。父親は日本人を怖がっていた。何か日本人との間でトラブルが起こることを恐れていた」

日本で家族そろって暮らせるようにはなったが、難民認定の申請中で仮放免。トラブルによって強制送還されるのではないかと、父親は脅えていたのだ。理不尽ないじめにも耐えるしか術がなかった。

「おとなしくしていろ」

父親からそう叱責された。

中学に進んだが、中学一年は不登校の日々を送る。オザンにいじめが集中した。

登校するふりをして家を出たが、暗くなるまで公園で何をするでもなく一日過ごした。

「登校すれば、何故学校に来ないのかを聞かれ、説教をされる。いじめがあることを訴えても、教師から『自分の悪いところを探せ』って言われた。学校に来て、教室でじっと椅子に座っているだけなのに……」

中学二年からは登校するようにした。いじめをする生徒が違うクラスに変わったからだ。それでもいじめは続いた。

小学校、中学校は隣接していた。小学校の教師を中学校の生徒が、教室の窓から名前を呼び捨てにして、悪口を言い放った。小学校の教師が中学校に抗議にきた。オザンの名前が中学校の担任教師に告げられた。

「俺は窓からその様子を見ていただけで、一言も話していなかった」

しかし、担任教師から告げられた。

「小学校の先生に会ったらすぐに謝罪しろ」

最初から担任教師は聞く耳を持っていなかった。

小学校の教師もオザンの顔を見るなり、一方的になじるばかりだった。

「その先生がいなくなると、担任から『すぐ謝れって言っただろう。何故謝らなかったんだ』とビンタされた」

ブラジルから来日したデカセギ子弟は、日本人教師から「義務教育は日本人のためのもので、外国人は関係ない」としばしば聞かされてきた。

「それを面と向かって言われたことはないけど、とにかく俺は教師から面倒臭いと思われていたようだ」

中学を卒業し、高校に進学した。しかし、妹三人が生まれ、父親だけの収入では生活が成り立たず、オザンも解体業の仕事を始めた。

「父親が牛久に収監されてしまったこともある。俺が働かないと家族が生きていけなくなった」

オザンは日々働いて生活の糧を得ている。しかし、法的には就業は禁止されている。いったいどうすればいいのか。

「その日、その日を生きていくだけで精一杯」

まだ二十三歳のオザンからこんな言葉が漏れてくる。

「現場でケガをして病院に行けば、保険もなく実費を払わなければならない。ちょっとしたケガでも数万円請求される。薬だけでも数千円を支払う羽目になる」

一日も早く彼らを難民として認定するなり、特別在留許可を認可し、安住の地を与えるべきだろう。彼らは安全と希望を求めて来日したのだ。

オザンのように、子どもの頃、親に連れられて来日した日系ブラジル人も多く、ミスチッサ（ハーフ）も決して少なくない。彼らの間でよく話題になるのが警察官による職務質問だ。日本人と顔つきが違うと言うだけで呼び止められ、しばしば職務質問を受ける。

「俺は小学校の時に呼び止められ、身分証明書を出してって言われたことがある」

苦笑しながら当時の思い出を語ってくれた。

多文化共生を唱える一方で、小学生に身分証明書の提示を求めるような社会は異常だ。

日本の難民認定率は一％にも満たない。これまでクルド人が難民として認定されたことはなかったが、二〇二二年十月、ようやく最初の一人目が出た。しかし、この認可が苦しい生活を強いられているクルド人にも拡大されていくのか、まったく予断を許さない。

水野守（ロヒンギャ名・スハイル）は前章で紹介したロヒンギャ難民アウン・ティンの長男で難民二世だ。アウン・ティンの帰化名は水野保世。

「帰化が認められたのは、僕が小学校五年生の時でした。その日のことは鮮明に覚えています」

守の弟、妹も館林市で生まれ育った。当時、三人とも市内の小学校に通っていた。

小学校に両親が突然迎えにきた。

「父が難民申請や査証関係の件で苦労しているというのは、それとなくわかっていましたが、涙ぐんで『日本の国籍が取得できた』と語る父を見て、帰化が大変なことなんだというのを感じました」

アウン・ティンは、来日して難民申請したが認められなかった。その後、特別在留許可を得て、永住査証、そして帰化という経緯を辿る。

「僕はロヒンギャだということで、あからさまな差別を受けたという記憶はないんです」

アウン・ティンは、在日ビルマロヒンギャ協会の設立当初からかかわり、ロヒンギャの窮状を日本の世論に訴えていた。

「父が新聞やテレビに出て、ロヒンギャが直面している現実を説明し、理解を求めていたので、館林市周辺の人は実情を把握してくれていたというのが、大きく影響していると思います」

群馬県太田市、伊勢崎市、大泉町にはデカセギに来日している日系ブラジル人が多い。そういったこともあり、二つの国にルーツを持つ人たちへの対応には、市民も慣れているのだろう。

「私たちはイスラム教を信仰していて、弁当は各自持参して登校しています」

豚肉と酒は禁じられている。

その弁当を見て、「汚い」「臭い」と言った日本人生徒がいた。

「後輩から、そんな言い方をされたというのを聞きました。あまりひどいようだったら、学校に行って改善してもらうように言うからと後輩に伝えました」

ロヒンギャ難民は館林市を中心に三百人程度が暮らしている。コミュニティーは極めて小さい。児童の数も限られている。

「その件で学校に一緒に行ってほしいと頼まれたことは、今日までありません」

在日ビルマロヒンギャ協会は七人の会員からスタートしているが、彼らの活動が地域社会に浸透していたことが功を奏したのだろう。

「同級生から君のお父さんがテレビに出ていたけど、どうして?」

守は自分たちが置かれている状況を同級生に説明した。

しかし、すべての人が自分の国を離れて日本で生きる外国人に理解を示すわけではない。

「ブラジル人がたくさん暮らしている地域には危ないから行かない方がいいなんて言う人も中にはいる。何が危ないのか、僕にはまったくわからない。そう思う人は、実際にはブラジル人との交流もなく本当の姿を知らないからではないのか……」

守はそう考えた。

二〇一七年、守が中学二年生の時だった。館林市にあるモスクに集まる大人はだれもが深刻な表情を浮かべていた。

その年の八月二十五日、西部ラカイン州で、弾圧に抵抗したロヒンギャの武装勢力が警察や国軍の拠点を襲撃した。反撃に出た国軍によってロヒンギャに多数の犠牲者が出た。国連人権理事会の調査団は、死者は少なくとも一万人に達すると発表した。

「世界で最も迫害されている民族」だと報告したほど悲惨を極めた。

日本で暮らすロヒンギャ難民はミャンマーで暮らす家族、親戚の身を案じた。

守は小学生からサッカーを始めていた。

サラマット FC の選手たち。左端が水野守

「大人たちもサッカーは好きで、僕たちがサッカーで頑張る姿を見せれば、元気になるのではないかと思った」

サッカーチームを作ろうと呼び掛けたが、集まったのはたったの四人だけ。

「弟とロヒンギャの友人二人だけ。皆から笑われた」

グラウンドに集合してもパスとドリブルくらいしか練習できない。小・中学校の同級生にも参加を呼びかけた。

「おもしろそうだなって言ってくれるけど、日本人の友人はチームに加わるにはためらいがあるようでした。ロヒンギャだからというより、外国人だけのチームに日本人が入っていくというのに抵抗がある感じでした」

それでも練習を止めなかった。ナイター設備のあるグランドで四人だけの練習が続いた。グランドの使用料は割り勘にした。しかし、しばらくすると、その練習を遠巻きに見ていた者がメンバーに加わりたいと声を上げ始めた。

「チームに入れてほしいと一人、また一人とメンバーが増えていきました。一歩引いてみていた日本人も入ってくれた。結局、直接触れ合うことでしか、わかり合えないってこともあるんだなって思った」

八人、十人、十五人、二十人と増え、現在は四十人が加盟するチームにまで成長した。

「ロヒンギャだけではチームを成立させるのは始めから無理な話で、国籍、民族、宗教に関係なく、一緒にサッカーをしたいという人なら歓迎しています」

ミャンマーの人口の七割はビルマ族が占め、今も激しくロヒンギャと対立している。しかし、チームにはミャンマー国籍のビルマ族も加わっている。さらにブラジル、バングラデシュ、スリランカ、フィリピン、アフリカのガーナ、チームは国際色豊かなメンバー構成になっている。

「チームの共通言語は日本語です」

家庭では、守は両親とはロヒンギャ語、弟妹とは日本語で話し、この他にはミャンマー語も話せる。

「混成チームになってから、今まで勝てなかったチームにも勝てるようになりました」

日本人、在日コリアン、そしてブラジル人チームとの試合を重ねている。それだけではない。在日ミャンマー人のチームとも試合を行っている。

「ミャンマー人のサッカーチームがあるのを知り、直接交渉に行きました。相手はもちろん僕がロヒンギャだというのを知っているけれど快く応じてくれました」

ミャンマー国内のロヒンギャがおかれている危機的状況は何も変わっていない。

「ビルマ族ともわかり合えるし、国籍、民族、宗教が違っていても、仲良くできるというのを、サッカーを通じて証明したいんです」

チームの名前は「ＳＡＬＡＭＡＴ（サラマット）ＦＣ」だ。

「アラビア語で平和を意味します」

守は今大学で国際ビジネスを学んでいる。

父親は、貿易商として東南アジア諸国、アフリカとの輸出入の仕事に従事している。

「ビジネスマンとして、父親を乗り越え、国際的なビジネスの世界で成功してみたいと思っています」

自分の夢を熱い口調で語った。


クルド人のオザン、ロヒンギャの守。それほど年齢が離れていない二人の運命を分けたのはいった何なのか。

母国に帰れば、生命の危機を伴う弾圧、迫害が待ち受けているというのはまったく同じだ。二人の青春を分けたものがあるとすれば、一人は帰化が認められ、一人は難民申請が不認可という日本政府の対応だろう。

「日本人」と「それ以外」という社会

下地ローレンス吉孝と日系ボリビア人二世のパートナー

『ハーフ物語』のラストは、ハーフ・ダブル・ミックスを国際社会学の立場から研究している下地ローレンス吉孝を紹介したいと思う。現在、彼はハワイ大学マノア校の客員研究員としてミックスの調査研究を行っている。

気鋭の学者を取材してみたいと思ったのは、彼の母親が日米のハーフであり、父親は日本人で、彼自身はクォーター、研究者であると同時に、まさに自分が直面する問題に取り組んでいると感じられたからだ。

さらに彼のパートナーは、宮古島からボリビアに渡った戦後移民とボリビア人女性との間に生まれた二世だ。パートナーが六歳の時に、家族でデカセギに来日した。

私自身もブラジル移民の一人であり、妻も日系三世だ。デカセギに来日した妻の親戚も決して少なくはない。そのようなこともあり、下地一家に特に親しみを覚えたのも事実だ。

下地の母親は沖縄県出身、父親は秋田県出身で、二人は集団就職で上京、川崎で出会い結婚した。下地自身は十歳まで秋田で暮らし、それ以降は東京で育った。

自分のルーツにそれほどこだわることなく過ごしてきた下地だが、高校生の頃、鮮烈な体験をする。

祖父にあたるローレンスは朝鮮戦争当時、沖縄に駐留したイタリア系アメリカ人だ。祖母は米兵の家でお手伝いとして働いていた。そこで二人は出会った。

その後、ローレンスはアメリカに帰国した。祖母のお腹の中には下地の母親が宿っていた。下地の母親は沖縄で生まれた。十代になった頃、ローレンスは沖縄で育った自分の娘をアメリカに呼び寄せようとしたが、生活が貧しくてその費用が捻出できなかったようだ。

ローレンスは帰国後に結婚し、妻がいた。その妻から下地の母親に手紙が届いた。

「迷惑をかけないでください」

ローレンスは呼び寄せの費用を作ろうとして、ギャンブルに手を出したのだ。結局、下地の母親がアメリカに移住することはなかった。

ローレンスが帰国した後、祖母も母親も一度も会うことはなかった。これまで記述してきたように、戦後、あるいは朝鮮戦争当時、米兵との間に生まれた子どもたちに共通する体験といってもいいだろう。

この話を下地は友人に語った。

「じゃあ君のお母さんは、遊んだ関係で生まれたんだね」

思いもよらぬ言葉が返ってきた。

「これを言われた時は、あたまが真っ白になりました」

研究者の道を歩く原点とでもいうべき経験ではなかったのか。下地の話を聞きながら、私にはそう思えた。

東京外語大学から一橋大学大学院社会学研究科に進み、博士課程を終了した。開智国際大学、上智大学の非常勤講師、立命館大学研究員を経て今日に至っている。

「私の母は〈戦争の落とし子〉って呼ばれていました。でもそんな言い方ってあるでしょうか」

広辞苑には「妻以外の女に生ませた子。おとしだね。比喩的に、ある事柄に付随して、意図されないで生ずる事柄」と記述されている。そして、「混血児とは敗戦恥辱のシンボル」だと言われた。

彼らには日本に居場所はなく、アメリカやオーストラリアに養子として渡った。さらに十人がブラジルに移住した。しかし、海外に渡った者は一部で、多くは日本に残り、生きてきたのだ。

「以前は〈混血〉、今では〈ハーフ〉と呼ばれる人々は、日本社会の歴史やグローバル化、留学生や移民の受け入れ拡大といった社会状況と共に多様化・複雑化し、人数自体もどんどん増加しています。でも彼らのありふれた日常生活の経験はあまりにも知られていません。母は小さい頃から定年になる現在まで、『日本語上手ですね……』『日本に来て何年ですか……?』とずっと言われ続けてきました。〈ハーフ〉という言葉が一般的に使われるようになって半世紀を迎えてもなお、彼らに対するまなざしや偏見は変わっていない。〈日本人〉という概念に、あまりにも強く外見のイメージが結びつけられているからです」

そしてもう一つの理由、それは彼らの存在が無視され続けてきたからだと下地は指摘する。

戦後、混血児、あるいは「あいの子」という言葉が一般的に用いられていた。プロローグで記したように、私の母親のいとこが米兵と結婚し、私とほぼ同じ年齢の女の子が相模補給廠で暮らしていた。母親に手を引かれ、相模補給廠に行く時は「あいの子の家に行くよ」と告げられた。

米兵との間に生まれた子どもを当時の文部省はどのように扱ってきたのか。『混血児指導記録三』(一九五四年から一九五七年にかけて刊行)の「まえがき」には、こう記されている。

　結果的にさしたる問題もなく、これまで三か年を過ごしたことは、担任教師はもちろんのこと、これに関係をもったすべての人々の御協力によるものと思う。さいわいにしてこれまで問題がなかったとしても、こうしたことはあすにも問題が起こらないともかぎらない。すなわち過去において問題が起こらなかったのは、これまでの関係者が、この教育に対してじみで目だたない配慮はもちろん骨身を削るほどの苦労をされたからに違いない。だからこそ大きな問題が起らずに未然に防がれたのだとも考えられる。しかしこの種の問題は、今日これまで起こらなかったといって安心はできない。

この記述について下地はこう述べている。

「この短い文章の中に異様なほど多くの『問題がなかった』『問題が起こらなかった』という言明が繰り返される。子どもが自死の選択に迫られたり、差別によって義務教育を受けられない、という現実を知っていたにもかかわらず、あえてこのような言い方をしている」

沢田美喜がエリザベス・サンダース・ホームを創設し、園内に聖ステパノ学園を創立したのも厳しい差別の現実があったからだ。

海外への養子、移住した者以外の日米ハーフは、日本でありふれた普通の暮らしをしてきたのだ。いや普通の暮らしをしようと努めてきたと言った方がいいかもしれない。

「しかし、見ただけで〈日本人〉かどうかを安易に判断する思考や習慣が、多くの〈ハーフ〉たちにとって大きな大きな重石になってきたのは事実です」

混血児に代わって「ハーフ」という言葉が一般的に使用されるようになったのは、いつ頃からなのか。

「歴史学や社会学の領域では一九七〇年頃といわれています」

『8時だョ！ 全員集合』というテレビ番組に出演していた「ゴールデン・ハーフ」というアイドルグループがそのきっかけだとされている。

アイドルやタレントとして注目されることはあっても、私たちのすぐ隣にいて、普通の暮らしを営むハーフに目が向けられることはなかった。

「一九六〇年から八〇年頃、日本が経済成長し、世界の中でも存在感を高める中で、〈日本人論〉や〈日本文化論〉といったジャンルの書籍が大量に出版され、多くのベストセラーが生まれました。その中では単一な〈日本人〉像が繰り返し記述されましたが、そのなかで〈混血〉や〈ハーフ〉の存在は、意図的か無意識かはわかりませんが、ほとんど記載されていません。単一民族としての〈日本人〉というイメージは、彼らの存在そのものを無化する力として世間に広がっていった。〈ハーフ〉の人々が日常生活でもメディアでも〈外国人扱い〉されてしまうのは、このような固定的な日本人像によるものだと思います。『そういう人はいませんよ』『いても少ないから大丈夫』、そんな言葉が何度も何度も語られて、それによって現実の様々な問題が不可視化され、必要な解決が先延ばしされ続けてきました」

問題を先送りにしたまま、一九九〇年、日本は入管法を改正し、日系人に定住査証を発給した。

日本は一九八〇年代後半から、人手不足に悩んでいた。特に三K産業と呼ばれる単純作業の多い生産ラインや建設現場では人手不足は深刻な問題になっていた。そうした労働不足を「解消」していたのが、オーバーステイとなった中国、バングラデシュ、イラン、パキスタン、フィリピンなどからの出稼ぎだった。

法務省はそうしたオーバーステイとなった外国人の摘発に躍起になった。一方、ブラジルからも一部の日系人がデカセギにすでに入国していた。

「南米移住者が母国で働き始めたのは、東京オリンピック（一九六四年十月）の関連施設や道路工事が追われていた頃だ」といわれている。その後、沖縄復帰（一九七二年）を記念した「沖縄海洋博」の建設工事にも、沖縄県出身の移民が参加している。

中南米からの移民、日系人の日本への還流が本格化していったのは一九八五年秋頃からだ。日本の中小、零細企業はいよいよ深刻な人手不足に陥った。デカセギが始まった当初は、日本国籍を持つ移民、二重国籍を持つ二世などに限られていた。あるいは日本国籍を持つ親とともに来日し、「日本人の配偶者等」という査証資格を取って働く二世、三世が一部にはいた。

さらに、一九九〇年の入管法改正で三世までに定住査証が発給され、就労が可能になった。この改正によって、オーバーステイの外国人を追い出し、日系人を導入した。

日系人だけに定住査証を与える措置に、現地では人種差別ではないのかという声も挙がったが、結局、堰を切ったように日系人が来日した。

日系人の一世、二世のカウントの仕方についてサンパウロで発行されているニッケイ新聞（二〇一七年八月十七日付）は次のように解説している。

「ブラジルでは一般に、世代が多いほうがより当地に根を張った伝統ある家系だと見られる傾向があるため、両親の世代数の多い方に足す形で勘定される。たとえば『父親が一世、母親が二世だったら、子どもは三世』という具合だ」

しかし、定住査証を発給する日本側は異なるカウントをする。

「一世とは『日本人、または日本国籍所有者』のことを示す。日本で生まれて親に連れられた子ども移民、またはブラジル生まれだが、日本国総領事館に出生届を提出して日本国籍を留保した子ども（二重国籍）も『一世』だ。その次の世代が二世だ。

両親のどちらかが一世で、どちらかが二世なら子どもは二世になる。両親のどちらかが、ブラジル生まれだが日本国籍を持つ場合も、子どもは二世となる」

つまり、子どもの頃、ブラジルに渡った移民も日本国籍を持ち、またブラジル生まれの二世でも、国籍留保手続きを済ませた二重国籍者は一世として扱われる。

戦前にブラジルに渡った移民には永住意識はなく、日本に帰国することを想定し、ブラジルで生まれた子ども、つまり二世の「国籍留保届」を日本の在外公館に提出したため、戦前生まれの多くの二世は日本国籍を取得している。

私の義父（妻の父親）はブラジル生まれの二世だが、日本国籍も取得していた。妻は三世だが、日本側のカウント方式では二世、甥や姪は三世ということになる。

妻の兄弟姉妹は十二人、日系人同士で結婚した者はむしろ少なく、イタリア系、ポーランド系ユダヤ人、スペインとアフリカ系のミックス、アフリカ系ブラジル人と結婚し、子どもたちの容貌、皮膚の色も多彩だ。こうしたことは日系社会では特別なことでもない。

デカセギ日系人とはいっても実に様々な人たちが来日している。

秋元才加やグリーン・キッズのように、すでにその第二世代が台頭してきているのは、前述したとおりだ。

さらに外国人技能実習制度によってアジアから実習生が多数入国している。

「もう何十年も前から、日本はすでに充分に多様化してきた。そのことを多様な〈ハーフ〉たちの存在が証明していますす」と下地は語る。

一般的にはハーフは、日本人と外国人との間に生まれた子どもだが、しかし、現実的にはそう簡単ではない。

下地はすでに多様化している日本の状況を見据えて、ハーフの定義についてこう述べている。

「『国籍』という指標だけではなく、『出身地』、『育った地域』、『外見』、『歴史的背景』（基地のルーツ、オールドカマーのケース、在留資格の違い、難民のルーツなど）、アイデンティティとする『国』、『文化』、『経験』、『学校教育のあり方』、『ジェンダー』、『アイデンティティ』、『自分の名前』（カタカナ、漢字、ひらがな）などの指標も組み合わさると、『ハーフ』と社会的に呼ばれている人々の内実はより複雑です」

例えば私の子どもを例に取るなら、日本国籍とブラジル国籍との間に生まれたハーフということになるだろう。しかし、長男はサンパウロで生まれ、長女、二女は東京で誕生した。母親も日系三世で、三人の子どもも「血統」も容貌も日本人そのものだ。

私は三人の子どもに日本名とブラジル名も付け、日本の戸籍にも二つの名前は登録され、ブラジルの戸籍にも同様の名前が記載されている。

長女が小学校を卒業する時だった。校長から電話があった。

「卒業生には直筆で名前を書いています。正式な名前を教えてください」

最初は意味がわからず、フルネームを校長に告げた。

ブラジル名を聞き、校長名が確かめるように聞いてきた。

「それはニックネームですか」

「いいえ本名です」

「日本人にそんな名前を付けていいのですか」

「戸籍にも住民票にも記載されています」

カタカナの名前が付いているだけで、こうした対応になる。

逆に日系人と非日系のブラジル人とが結婚し、夫婦でデカセギで来日し、日本に定住し、子どもが誕生する。容貌はまさにハーフだが、国籍はブラジルということになる。日本に住む日系人に限ってみても、多彩なハーフが存在する。

この連載のプロローグで、肌の色や容貌、国籍にかかわらず、二つ以上の国にルーツを持ち、日本で暮らす人たちも、ここでは「ハーフ」と定義するとしたのは、こうした経緯からだ。

私が家族と一緒に生活基盤を東京に移したのは一九七八年の暮れだった。

無事に日本に着いたと実家に国際電話を入れ、妻は日本の様子を伝えていた。その時の奇妙な言葉が今も私の脳裏にこびりついている。

「日本には日本人しかいないのよ」

様々な肌の色をしたブラジル人を見てきた彼女には、どこに行っても同じような容貌の人間しかいない日本は異様に感じられたようだ。

しかし、八〇年代にニューカマーが続々と来日してきた。「国際化」という言葉が様々なメディアで頻繁に使われるようになった。

九〇年、入管法の改正と当時に日系人や技能実習生が入国してきた。今度は「多様性」「共生」が叫ばれるようになった。

過去十年間、国際結婚数は年間平均三万件以上、三十組に一組が国際結婚。両親のどちらかが外国出身の子どもは、新生児五十人に一人というデータがある。さらに、毎年一万人の外国籍の者が日本に帰化している。

ニューカマー、そして南米からの日系人との結婚によって生まれてくる子どもの数は、今後さら増えていくだろう。

エリザベス・サンダース・ホーム出身のベース奏者を取材したことがある。彼の肌は黒い。八〇年代半ば、黒人米兵とクラブ歌手を扱った小説が話題となったことがある。その頃の体験を話してくれた。

「ライブハウスに行くためにベースを担いで六本木を歩いていると、若い女性から英語で声をかけられるんだ。日本語で答えると、日本に長く住んでいるのかって聞かれる。昔は本当に石を投げつけられた。それから比べればよくはなったけど、黒人と手をつないで歩くのがカッコいい、セックスがいいって思い込んで近寄ってくる連中だよ。俺たちに対する意識は、昔も今も、そしてこれからも変わらないような気がするんだ」

最近、スポーツ界、芸能界で活躍するハーフがＳＮＳを通じて、差別に対して声をあげるようになった。息苦しさに耐えてきたが、それが限界に達し、声をあげざるを得ないところにまで追いつめられているのではないか。

「〈ハーフ〉と呼ばれる人々は、その存在が十分に認められないまま、〈日本人〉か〈外国人〉かのどちらか一方に強く引っ張られてしまう。それによって、その存在そのものが見えにくくされてしまっている」

下地は戦後も現代もハーフの置かれている状況に変化がないことを指摘する。

全米オープンテニスで優勝した大阪なおみ選手。彼女がＳＮＳで発信するメッセージがしばしば日本でも話題になった。

「大坂なおみ選手が自分のことを『日本人でもあり、アメリカ人でもあり、ハイチ人でもあり、黒人女性でもあります』と語っていました。一人の人間に複数のアイデンティティが同時に存在することが示されています。ただ、日本では、このような現実に認識が追いついていない状況があり、複数のアイデンティティが認められず、いずれかであることを周囲から要求される、という場合があります」

彼らが声をあげた時、共通する反応がある。

「日本がいやなら帰れ」

いったいどこへ帰れというのか。

すでに多様なアイデンティティを持った人たちが暮らしている。

最後は下地が提起している言葉で締めくくりたいと思う。

「〈多様性〉や〈ダイバーシティ〉はこれから日本社会が目指すべき目標なのではなく、すでにそこにある現実です。〈違った人たちを受け入れよう〉、〈共生を実現する社会を目指そう〉というメッセージが聞こえてきますが、そもそもわたしたちの社会はすでに多様な背景をもつ人たちと隣り合わせで暮らしています。地域の隣人として、友達として、恋人として、家族として、すでに日本社会の一部となっているのです。〈日本社会〉とは何か？〈日本人〉とは何か？　この社会で暮らすすべての人にこうした問いが向けられている。これは私たち一人ひとりの問題なのです」

エピローグ

いったいこの国はこれからどうなってしまうのか。

一九九一年、群馬県大泉町の真下正一町長（故人）を取材した。大泉町にはまだオーバーステイの外国人が働いていた。

「地方自治には地方自治の妙がある」

オーバーステイの外国人労働者を帰国させてしまえば、人手不足から労務倒産に追い込まれる企業が、当時の大泉町には多数存在した。労務倒産を避けるためには、査証期限の切れた外国人でも雇用せざるを得なかったのだ。

真下元町長はオーバーステイの外国人を告発する意志はないことを、当時、オフレコを条件に明言した。

一九九〇年、入管法が改正され、デカセギ日系人が大泉町に殺到した。

入管法の改正を視野に入れながら、真下町長はこうした日系人を大泉町に呼び入れることができないか、改正以前から検討を始めていた。入管法改正案が国会を通過した一九八九年十二月に「東毛地区雇用安定促進協議会」を発足させている。

一九九〇年四月、同協議会関係者らはブラジルを視察、群馬県人会など精力的に回り、日系人受け入れの道を模索した。軌道に乗せるまでブラジルを六回も訪問し、群馬県人会などと綿密に打ち合わせをしてきた。

同協議会は日系人の採用は、人材斡旋会社を通さず、直接雇用を原則とした。

「人手不足が解消すればいいんだという考え方で、人材斡旋会社を通じて頭数だけを揃えていたのでは十分な受け入れ態勢はできない。このようなやり方では労働力が余れば切り捨てるということにつながる。ただ単に労働力としてではなくて人間を受け入れるという観点に立って行わなければ、健全な雇用も成立しなければ、私たち企業側も存続できないと考えています。また過去数年間のうちに労働災害を起こしたり、その改善策が取られない企業は協議会から抜けてもらっています」

当時の同協議会代表はこう述べていた。

大泉町役場では、ポルトガル語版の広報紙「GARAPA（サトウキビのジュース）」や「GUIA　PRATICO　DE　MORADIA（住居案内）」という小冊子を発行した。小冊子には外国人登録手続きに始まって、町民税の解説、結婚届、出生届の方法、予防接種の受け方、保育園、幼稚園、小中学校の入学手続き、ごみの捨て方、火事、地震など非常時の対応の仕方など多岐にわたって詳しく説明してある。

こうした大泉町の政策が日系人に広がり、一時期は就職希望者が順番待ちをするような事態まで起きた。

この状況を取材するために多くのメディアが大泉町を訪れた。その取材を真下町長は受けていたが、あるテレビ局の質問に激怒して、インタビューを途中で断ったケースがあった。その質問は、「多くの日系人が大泉町に流入し、ゲットーをつくったらどうするのか」という内容だった。

「私はそうした状況にならないように町政を司っているつもりだ」

ゲットーは、本来は中世ヨーロッパの隔離されたユダヤ人居住区を差すが、アメリカのアフリカ系、あるいはヒスパニック、アジア系の貧しい移民が密集する居住地区を意味するようになった。そうした「ゲットー」が大泉町にも形成されることを想定した質問に、真下町長は不快感をあらわにした。

真下町長は「日系人の受け入れには、人権がキーワードだ」と語っていた。

それから三十年以上が経過した。

毎日新聞（二〇二二年十二月二十三日付）が〈「国に帰ればいい」日系ブラジル人の生活保護拒否、誤情報伝える〉と報じた。

愛知県安城市役所の職員が、生活保護を申請しようとした日系ブラジル人女性に、「外国人に生活保護費は出ない」と虚偽の説明をしていたのだ。

女性は十年前に来日。夫は県内の自動車部品工場などで働いていたが失職。以降はアルバイトをしていたが、無免許運転などで逮捕されて収入が途絶えた。小学生の長男と一歳の次男の二人の子どもを抱え、生活が立ちいかなくなり、市役所を訪れた。

応対に当たった市職員から「外国人には生活保護費は出ない」「夫が逮捕されたら入国ビザが取り消しになる」という説明を受け、申請を拒否された。さらに職員は「手助けできることはない」「国に帰ればいい」などと言い放った。

生活保護法は対象を「生活に困窮する国民」と規定しているが、その一方で、永住者や定住者などの在留資格を持つ外国人も保護の対象としている。

安城市は「第二次安城市多文化共生プラン（二〇一九〜二〇二四年度）」を策定し、「だれもが安心して暮らせる多文化のまち安城」を目指してきた。「策定の目的と趣旨」の冒頭にはこう記されている。「安城市に在住する外国籍の人は二〇一八年七月に七千人を超えました。国籍等に関わらず、安城市で暮らす誰もが将来に希望を持つことができる地域をつくる必要があります」

セーフティネットを担う行政の窓口にも排外主義が浸透している現実に、戦慄が走る。

外国人集住都市会議の取り組みも一定程度の効果は上げている。だからこそデカセギ日系人の子弟から弁護士や教師が誕生し、社会進出を果たしているのだろう。しかし、その一方でこうした現実がまかり通っている。日本は本当に多文化共生社会を目指しているのだろうか、疑問に思えてくる。

日本で暮らす、あるいは暮らしたいと思っている外国人、そしてその外国人と日本人との間に生まれた子どもたちは、このスローガンとは裏腹に、むしろ排撃、排除されているのではないか、そんな気持ちにさせられる。

入管施設に収容された暴行を受けたクルド難民のデニス、泥沼でもがくような生き方を強いられるクルドの青年たち、入管でまるで犯罪者扱いにされた無国籍女性の現実を見れば、多文化共生などというのが、中身のない薄っぺらなものに感じられる。

エリザベス・サンダース・ホームで育った者は、本当に石を投げつけられた。戦後まもない頃、彼らを差別した日本人と、施設内でデニスらに暴行を働いた入管職員とどれほど違いがあるというのだろうか。

五世が誕生している移民百年後の野村家　Família Nomura（foto de Camila Nomura）

多文化共生というのは、多くの他国籍者と他民族同士が、排撃し合うのではなく共に生きていくことではないのか。

沢知恵のように自由で伸びやかな生き方を、ボートピープルだった渡辺治のように日本に確固たる根を張る生き方を、海外にルーツを持つすべての人に保証する社会ではないだろうか。

一枚の写真がある。ブラジルで暮らす妻の家族の集合写真だ。サンパウロで活躍するカメラマンの姪が撮影したものだ。彼女は日系四世であると同時に、イタリア系四世でもある。

妻の祖父母は、一九一三年、神戸港から移民船帝国丸でブラジルに移住した。移住といっても、当時は永住する意思はなく、出稼ぎが目的だった。広島県から移住したその一家の百十年後の姿だ。

数年前、サントスで暮らす日系四世の姪から連絡があった。中学校で自分のルーツについて調べるという課題が出された。姪に帝国丸に乗船した一世について書き送った。それをもとに作文を書いたようで、後に表彰されたと返信があった。「次はパパイ（父親）のルーツを調べてみなさい」と伝えた。父親のルーツはポーランドから、ナチスの迫害を恐れてブラジルに渡ったユダヤ系移民だ。妻の家族のルーツを見ただけでも、様々な背景を持ってブラジルに移り住んだ人たちの子孫であることがわかる。

妻のルーツからすでに多くの五世が誕生しているのは、「自分の国に帰れ」と排撃されなかったからだ。ブラジルでは日系人のことを nipo-brasileiro（ニッポ・ブラジレイロ）と呼ぶ。ルーゾ・ブラジレイロ（ポルトガル系ブラジル人）、テウト・ブラジレイロ（ドイツ系ブラジル人）もいれば、アフリカにルーツを持つアフロ・ブラジレイロも暮らしている。その人たちが結ばれ、生まれた子どもたちで形成されているのがブラジルという国家だ。肌の色も多彩だが、それとおなじように数多くのアイデンティティが存在する。

ペルーに日本移民が移住したのは、ブラジルよりも早く一八九九年のことだ。それから九十一年後、日系二世のアルベルト・フジモリが大統領に就任した。選挙戦で一部の白人は、アルベルト・フジモリは日本人で、ペルー人ではないと激しく非難していた。フジモリは二重国籍だった。

対立候補に、後にノーベル文学賞を受賞するマリオ・バルガス・リョサがいた。

ペルーの首都リマで発行されているスペイン語と日本語による「ペルー新報」（一九九〇年四月十二日付）が、マリオ・バルガス・リョサの言葉を紹介している。

「フジモリは我々と同じペルー人だ。彼ら（フジモリをペルー人と認めない一部の白人グループ）のスローガンは聞いたことがあり、とても納得できるものではない。日本人の社会は尊敬できる社会だ。私たちの国の素晴らしいところは、様々な民族と文化が存在することだ。黒人、中国人、白人、そして日本人でもこの国で生まれたものはペルー人なのだ。そのことが私たちの国の偉大な財産なのだ」

百年後の日本に、果たしてクルド系日本人、ロヒンギャ系日本人、あるいはブラジル系日本人というアイデンティティが誕生しているのだろうか。それを「偉大な財産」と誇れる国になっているのだろうか。

多文化共生を目指すのか、あるいはそうでない社会を形成してくのか、今、その最後の分岐点に私たちは立っている。

初出

月刊「潮」

二〇一九年七月号〜九月号連載　「日本のなかで生きる移民たち」

二〇二〇年四月号　「ボートピープルが開いたベトナム料理店の四〇年。」

二〇二〇年六月号　「『混血児』と呼ばれた男の物語。」

二〇二〇年十月号　「差別、非行、そして希望。日系人たちがラップに込めて歌うもの。」

二〇二一年一月号　「二つの国にルーツを持つことが、私の自信。」

二〇二一年十月号　「日本生まれの無国籍女性が直面した困難。」

月刊「望星」

二〇二一年四月号から九月号連載　「ハーフ物語」

二〇二二年九月号　「〝鉄格子なき牢獄〟は放置できない」「日本生まれの子どもが不法滞在？」

【著者紹介】

高橋幸春（たかはし ゆきはる）

1975年、早稲田大学卒業後、ブラジルへ移住。日系邦字紙パウリスタ新聞（現ブラジル日報）勤務を経て、1978年帰国。以後、フリーライター。高橋幸春名でノンフィクションを執筆。1991年に『蒼氓の大地』（講談社）で第13回講談社ノンフィクション賞受賞。

『悔恨の島ミンダナオ』（講談社）、『絶望の移民史』（毎日新聞社）、『日系人の歴史を知ろう』（岩波書店）、『日本の腎移植はどう変わったか』（えにし書房）など。2000年に初の小説『天皇の船』（文藝春秋）を麻野涼のペンネームで上梓。以後、麻野涼名で『国籍不明（上・下）』（講談社）、『闇の墓碑銘』（徳間書店）、『満州「被差別部落」移民』（彩流社）などを上梓。

2013年2月刊の『死の臓器』（文芸社文庫）は高橋幸春名の『透析患者を救う！修復腎移植』（彩流社）と同テーマの小説版。2018年11月には臓器売買をテーマにした小説『叫ぶ臓器』（文芸社文庫）を上梓。

〔ハーフ〕物語
偏見と排除を越えて

2023年 2月10日 初版第1刷発行

■著者　高橋幸春
■発行者　塚田敬幸

■発行所　えにし書房株式会社
〒102-0074 千代田区九段南1-5-6 りそな九段ビル5F
TEL 03-4520-6930　FAX 03-4520-6931
ウェブサイト　http://www.enishishobo.co.jp
E-mail　info@enishishobo.co.jp

■印刷／製本　株式会社 厚徳社
■DTP／装丁　板垣由佳

ISBN978-4-86722-114-3 C0036

JASRAC 出 2300300-301

周縁と機縁のえにし書房

日本の腎移植はどう変わったか

60 年代から修復腎移植再開まで　　高橋幸春 著

四六判 並製／ 1,800 円+税 ／ ISBN978-4-908073-64-9 C0036

腎不全がほぼ死を意味した時代を経て、冷遇されながらも腎移植の道を切り開いてきた、元日本移植学会副理事の大島伸一を中心とした医師らの時代から、日本の腎移植と移植を巡る社会の変容を、長期にわたる綿密な取材で丁寧にたどり、多くの問題点を浮かび上がらせる傑作ルポ。

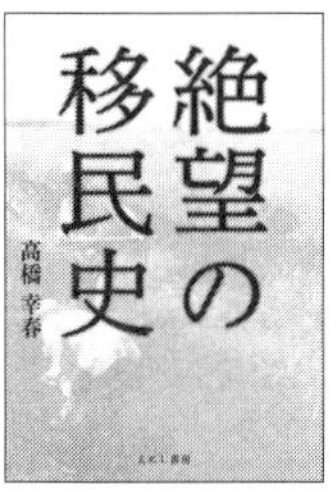

〈電子版〉絶望の移民史

高橋幸春 著　1,800 円+税

国策によって大陸へ送りだされた移民史上ただひとつの被差別部落。彼らを待ちうけていたのは、あらゆる悲劇が集約された極限の辛苦、集団自決という運命だった。講談社ノンフィクション賞受賞の著者が真正面から「部落問題」に挑んだルポルタージュ。

〈電子版〉あの南天の木はまだあるか

麻野 涼 著　2,000 円+税

差別のない豊穣と自由の大陸、満州へ──。国策によって大陸へ送り出された移民史上ただひとつの被差別部落。偽りの希望の果ての集団自決……。貧困と差別を生き抜いた主人公がたどり着いた真実と希望。史実を元にした感動長編。

雨ニモマケズ　外国人記者が伝えた東日本大震災

ルーシー・バーミンガム 著／デイヴィッド・マクニール 著

四六判 並製／ 2,000 円+税 ／ ISBN978-4-908073-31-1 C0036

日本在住の外国人記者２人による迫真のルポルタージュ。東日本大震災を生き延びた６人の証言者（タイ系アメリカ人英語教師、保育園の調理師、漁師、高校生、桜井勝延南相馬市長、原発作業員）への震災直後のインタビューを中心に、客観的視点からバランス良くまとめ、2012 年アメリカで出版され話題に。市民グループ有志の翻訳を元に日本語版として改めて問う。